성체를 사랑한 소년, 성 카를로 아쿠티스

하느님의 인플루언서

Eucaristia. La mia autostrada per il Cielo.
Biografia di Carlo Acutis written by Nicola Gori and our copy © 2013 Edizioni San Paolo s.r.l.
Piazza Soncino 5 – 20092 Cinisello Balsamo (Milano) – ITALIA
www.edizionisanpaolo.it

성체를 사랑한 소년, 성 카를로 아쿠티스

하느님의 인플루언서

교회 인가 | 2025년 5월 12일
1판 1쇄 | 2025년 5월 24일
1판 3쇄 | 2025년 8월 27일

글쓴이 | 니콜라 고리
옮긴이 | 최용감
펴낸이 | 김사비나
펴낸곳 | 생활성서사
편집인 | 윤혜원
편집 자문 | 허찬욱 **디자인 자문** | 이창우, 최종태, 황순선
편집장 | 박효주 **편집** | 이광형, 안광혁, 김병수
디자인 | 강지원 **제작** | 유재숙 **마케팅** | 노경신 **온라인 홍보** | 박수연
등 록 | 제78호(1983. 4. 13.)
주 소 | 서울특별시 강북구 덕릉로42길 57-4
편 집 | 02)945-5984
영 업 | 02)945-5987
팩 스 | 02)945-5988
온라인 | 신한은행 980-03-000121 재) 까리따스수녀회 생활성서사
인터넷 서점 | www.biblelife.co.kr
가톨릭 교회의 모든 도서는 '생활성서사' 인터넷 서점에서 만나실 수 있습니다.

ISBN 978-89-8481-699-2 03230
책값은 뒤표지에 있습니다.

한국어판 © 생활성서사, 2025.
성경·교회 문헌 © 한국천주교중앙협의회, 2025.
이 책은 저작권법에 의해 보호를 받는 저작물이므로 무단 복제를 금합니다.

성체를 사랑한 소년, 성 카를로 아쿠티스

하느님의
인플루언서

글쓴이 **니콜라 고리**
옮긴이 **최용감**

CARLO ACUTIS

추천의 글

우리와 같은 시대를 살아온 한 소년이 있습니다. 다른 친구들처럼 학교생활을 했던 그는 컴퓨터에 남다른 재능이 있던 영재이기도 했습니다. 그러나 그의 삶의 모든 순간에는 예수 그리스도와의 깊은 만남이 스며들어 있었습니다.

카를로 아쿠티스는 부활의 증인이 되었고, 동정 성모님께 자신을 봉헌하였으며, 은총의 삶을 살면서, 동갑내기 친구들에게 자신이 겪은 강렬한 하느님 체험을 나누곤 하였습니다.

매일매일 미사에 지극정성으로 참여하여 성체를 자양분 삼아 살아왔던 카를로는 성체 조배를 하며 온종일 시간을 보내기도 하였습니다. 이러한 체험과 그리스도교적 성숙 과정은, 베네딕토 16세 교황이 사도적 권고 「사랑의 성사」

에서 희생 제사인 미사와 성체 조배가 예수님에 대한 사랑과 봉사의 삶을 살아갈 수 있도록 도움을 주고 지지, 성장시킨다고 하신 바가 참됨을 증언해 줍니다.

순수하면서도 깊은 성모 신심을 지녔던 카를로는 정성껏 묵주 기도를 바쳤고, 성모님을 사랑스러운 어머니로 여겨 자신의 희생들을 성모님께 잔꽃송이처럼 바쳤습니다.

학교의 또래 친구들과 크게 다르지 않았던 이 소년은, 청소년기에도 복음을 온전하게 살아 낼 수 있음의 참된 증인이기도 하였습니다.

그리스도와의 만남을 목적으로 삼은 그의 짧은 생애는 저마다의 길에서 헤매고 있는 이들을 비추는 한 줄기의 빛과 같습니다. 그 생애는 이제 그의 이야기를 만날 모든 사람에게도 빛이 될 것입니다.

개인적으로 카를로 아쿠티스의 첫 전기를 니콜라 고리 박사가 엮었다는 점에 매우 큰 신뢰를 느낍니다. 뛰어난 문장가인 고리 박사가 이 책에서 대중 매체에 익숙하면서도 불확실성에 흔들리는 이 시대의 청소년들에게 삶의 의미와 복음적 가치에 대해 생각할 거리를 제시해 줄 것이라 믿기 때문입니다.

이 책을 읽는 청소년들이 또래인 카를로의 이야기에서 그리스도와의 우정에 자신을 내어 맡기는 참된 기쁨을 체험하기를 바랍니다. 더 나아가 우리 시대의 청소년들이 젊음의 풍요로움을 바탕으로 더욱 가치 있는 삶을 살 수 있기를 바랍니다.

카를로가 우리에게 보여 준 복음의 증거는 오늘을 사는 청소년들에게 모범이 될 것입니다. 교리 교육은 받았지만 확신하지 못하는 본당의 청소년들, 확신을 줄 수 있는 효과적인 교육을 위해 노력하는 사제들과 교리 교사들에게도 이 책은 훌륭한 자극이 될 것입니다.

베네딕토회 몬테 올리베토 대수도원
총아빠스 미켈란젤로 M. 티리빌리

 책머리에

천사들이 너를 데려간 저 태양 너머에서 카를로, 너는 여전히 미소 짓고 있구나!

카를로야, 너는 천상에서 매 순간 하느님의 마음을 보고 있구나.

기억하니? 같은 반 친구들에게 얇은 모양의 빵과 성작에 담긴 포도주를 사제가 축성하면, 진짜로 하느님의 살과 피가 된다고 말한 것 말이야. 너는 하느님께서 사람이 되신 분이 예수님이시라고 자주 설명했었지. 네가 예수님에 대해 말할 때 네 두 눈은 별처럼 빛났어.

네가 예수님을 만나고 싶어 했을 때, 너는 겨우 일곱 살의 어린아이였단다. 너는 당장 예수님을 알고 싶었지만, 그

카를로가 가장 사랑했던 프란치스코 성인의 땅 아시시 수바시오산 위에서(2006년 7월).

때 주님께서 이미 너와 빨리 함께하고 싶어 하셨다는 것을 몰랐겠지.

너는 태어나 몇 달 만에 말하는 법을 배우고, 청소년기에는 대학에서나 읽을 법한 컴퓨터 전공 서적까지 읽을 수 있었지. 그렇지만 예수님께서 너를 그토록 사랑하셔서 네가 일찍, 그렇게도 일찍 주님의 모든 것이 되길 바라셨다는 것을 생각하지 못했어. 그렇게 너의 날들은 쏜살같이 흐르고, 그렇게 이른 나이에 떠나갔구나.

카를로야, 네가 태어나 처음 받은 선물은 흰색 털로 짠 자그마한 양 인형이었어. 너는 그 인형을 자주 갖고 놀았지. 네가 봉쇄 수녀원으로 첫영성체를 하러 갔을 때도, 그 조그맣던 양은 목자와 함께 길을 건넜어.

네가 세상을 떠났을 때, 너를 사랑하는 사람들이 얼마나 많은 눈물을 흘렸는지 아니? 그러나 너는 병원에서 의사들이 잔혹한 진실을 말할 때에도 눈물을 흘리지 않았어. 어쩌면 너는 마음 깊은 곳에서 이미 알고 있었을지도 몰라. 마른 눈으로 부모님을 바라보던 너의 그 표정이 심각한 상황을 말해 주는 것 같았어.

너는 너의 생애와 고통을 교황님과 교회를 위해 봉헌했

고, 너의 시신은 네가 가장 사랑했던 프란치스코 성인의 땅 아시시로 돌아갔어. 네가 아시시를 집으로 여겼던 것처럼, 예수님께서는 네 마음을 집으로 여기셨겠지!

영성체를 할 때면 너는 사람들에게 진지하게 말하곤 했어. 주님께서 매일 네 마음에 찾아오셔서 목소리를 들으신다고. 그 뒤에 이어지는 황홀한 침묵 속에서 하느님의 현존이 드러난다고.

아마 네가 아주 어린아이였을 때부터 예수님께서는 너를 일찍 데려가시려고 마음먹으셨던 것 같아. 네가 마지막 날까지 순수하고 온전하게 그분의 사랑에 응답할 것임을 알고 계셨을 테니까. 너는 성체를 받아 모실 때, 별처럼 반짝이는 네 눈을 들어 예수님을 찬양하곤 했어.

네가 복음의 기쁜 소식을 전할 때, 친구들을 압도하던 단호한 목소리는 마치 주님의 목소리를 듣는 것 같았지. 고통받는 사람들에게 사랑과 친절의 위로를 전할 때, 주님께서도 네 마음과 함께 계셨어. 네가 믿음이 없는 친구들을 주님께 인도하는 사도직을 수행할 때, 착한 목자이신 주님께서 너의 발걸음을 확실한 회개의 길로 이끌어 주셨어.

카를로야, 인간의 눈으로 보았을 때, 너의 짧은 생애는 너의 스승이신 예수님께서 너에게 맡기신 성령의 사명을 수행하느라 쏜살같이 지나가 버린 날들이었어. 세상을 떠나기 얼마 전에 너는 무언가를 느꼈던 걸까. 너의 얼굴은 무한하신 분의 신비로운 빛을 내뿜었어. 카를로, 너는 이미 그때, 하늘 나라를 향한 마지막 여행을 준비하고 있었던 거야.

석양이 비추는 동안, 싱그러운 바람이 나뭇잎을 잔잔히 쓰다듬고, 너의 친구들은 멀리 있는 성 프란치스코 대성당을 바라보고 있어.

네 무덤 앞 하얀 비석에는 십자가에서 내려지시는 예수님의 모습이 새겨졌지. 못 박혀 죽은 아들을 두 팔로 안으신 성모님의 모습에서 크나큰 고통이 느껴져. 골고타에서의 고통 이후, 성모님은 더 이상 눈물을 보이지 않으셨다지.

카를로야, 너의 가족들도 이제는 더 이상 울지 않는단다. 확고한 믿음과 하늘에 오르시기 전 예수님께서 제자들에게 약속하신 '내가 가서 너희를 위하여 자리를 마련하겠다.'(요한 14,3 참조)라는 말씀 안에서 살고 있기 때문이야.

쥬세피나 샤샤(이탈리아 공영 방송 RAI의 바티칸 전문 기자)

차 례

- 추천의 글 4
- 책머리에   천사들이 너를 데려간 저 태양 너머에서
          카를로, 너는 여전히 미소 짓고 있구나! 7

제 1 장
카를로의 생애 이야기

탄생과 유아 시기	16
유년 시절	22
학교생활	33
초등학교와 중학교 친구들	39
인문 고등학교	49
컴퓨터에 대한 열정	61
카를로가 좋아한 동물들	67
조부모님과의 관계	73
아시시에서 보낸 휴가	75

제 2 장
카를로의 영성의 길

성 프란치스코와 파도바의 성 안토니오가 카를로의 삶에 미친 영향	80
카를로의 애덕 활동	91
카를로 그리고 영원함	95
교황님에 대한 헌신	96
교리 교사 카를로	99
카를로와 성체성사	105
카를로와 성체 조배	119
카를로와 고해성사	124
봉쇄 수도원 수녀님들	130
카를로와 천사들	140
성모님께 봉헌된 카를로	151
하느님의 자비와 어린 카를로의 깊은 신학적 직관력	153
예수 성심과 카를로	160
루르드 성모님과 카를로	165
파티마 성모님에 대한 카를로의 깊은 신심	178
카를로의 갑작스런 질병과 천사와 같은 죽음	191

- 카를로, MZ 세대의 참그리스도인   200
- 사후 기적들과 프란치스코 교황의 카를로에 대한 통찰   205
- 카를로를 기리는 시   217
- 맺는 글   227
- 카를로가 컴퓨터로 기획한 묵주 기도의 도식   254
- 주   256

Carlo Acutis

제 1 장

카를로의 생애 이야기

탄생과 유아 시기

1991년 5월 3일, 카를로 아쿠티스는 그의 부모 안드레아와 안토니아가 일 때문에 체류 중이던 런던에서 태어났다. 카를로는 태어나자마자 밝고 활기찬 아이라는 인상을 심어 주었다. 첫울음을 터트린 후 그는 주위의 모든 것을 관찰했다. 이 작은 천사는 부모의 기쁨이자, 태어나는 손자를 맞이하기 위해 이탈리아에서 온 친가와 외가의 할아버지와 할머니, 증조할머니 아드리아나에게도 큰 기쁨이 되었다.

한 생명의 탄생은 모든 가정의 큰 축복이자, 하느님께서 여전히 우리를 신뢰하시고, 더 나은 세상을 위해 그분과 협력할 수 있도록 우리에게 희망을 두신다는 확실한 신호이

다. 카를로는 독실한 가톨릭 가정에서 태어나는 축복을 받았다. 주위의 모든 것을 관찰하는 아이 곁으로 가족들은 미소 지으며 모여들었다. 주변의 일에 관심을 갖고 면밀히 살피는 능력은 훗날 카를로의 장점 중 하나가 되었으며, 그의 성장과 함께 발전해 신앙과 종교, 컴퓨터 공학, 그림, 영화, 동물학 등의 관심 분야에 더욱 몰입하도록 그를 이끌었다.

예의 가톨릭 가정이 그렇듯 그의 부모는 카를로가 태어난 지 며칠 지나지 않아 5월 18일 '고통의 성모' 성당에서 세례를 받게 했다. 카를로가 세례를 받은 곳이 파티마의 성모님께 봉헌된 성당이라는 점은 카를로의 삶에서 자라나게 될 성모 신심을 미리 보여 주는 듯했다. 이 아이는 성모 신심에 큰 애정을 갖고, 파티마의 세 목동들에게 주어졌던 성모님의 말씀을 소중히 간직하게 될 것이다.

손자가 태어난 행복을 기리기 위해 그의 할아버지 카를로와 외할머니 루아나는 손자의 세례식에서 대부모가 되었다. 교회의 일원이 된 아들을 위해 카를로의 어머니는 어린양 모양의 케이크를 주문했다. 아들을 보내 주신 예수님께 감사를 드리고, 더 나아가 그분의 손길 안에서 카를로가 구원의 도구가 되기를 바라는 마음을 담아서 선택한 케이크였다. 그 무렵 런던을 가득 채운 불황의 어둠을 밝히기라도 하려는 듯 아쿠티스 집안에는 행복이 가득했다.

카를로의 어머니 안토니아는 낮에는 잠시 업무를 멈추고 갓난아이를 돌보았다. 얼마나 많은 기대와 희망, 생각이 안토니아의 머릿속을 스쳐 갔을까? 자신들의 삶을 밝혀 줄 이 작은 아이를 바라보는 아버지 안드레아의 머릿속을 스쳐 간 생각들은 무엇이었을까? 카를로는 자라서 어떤 사람이 될까?

아이에게 생명을 준 부모는, 더 나아가 아이에게 그리스도의 제자가 될 기회도 선사한 것이다. 카를로는 훗날 세례의 중요성을 역설했다. "(세례는) 우리가 신적 생명에 들어가 영혼을 구원받도록 허락해 줍니다. 하지만 사람들은 사탕이나 과자, 흰 레이스를 단 예쁜 미사포나 세례복, 축하금에만 관심을 갖지요. 이는 사람들이 (세례가) 하느님께서 주신 엄청난 선물이라는 것을 이해하는 데 관심이 없기 때문이에요."

어린 카를로의 곁에는 두 명의 유모가 있었다. 영국인이었던 첫 유모들은 조그맣고 생기 넘치는 아이를 잘 돌보고 놀아 주었다. 그러나 가끔 그들의 열정이 지나쳐서 해프닝이 벌어지기도 했다.

카를로의 어머니는 한 유모가 고무젖꼭지를 '칼폴'이라는 영국산 시럽에 담그곤 했던 일을 떠올렸다. 카를로의 부모는 아이에게서 술 취한 사람에게서나 나는 술 냄새를 맡고 의아해했는데, 이는 칼폴에 든 알코올 성분 때문이었다. 후에 유모는 알코올이 아이의 수면을 돕는다고 생각했다며 사과했고, 카를로의 부모는 웃음을 터트렸다.

또 한번은 그 유모가 카를로 곁에서 함께 잠을 자고 있었다. 그런데 유모와 카를로 모두 굳은 피 같은 것을 뒤집어쓴 채 자고 있는 것이 아닌가? 이 미스터리한 사건은 사실

초콜릿을 너무 좋아했던 유모가 먹다 남은 초콜릿을 냉장고에 미처 넣지 못한 채 잠이 들어 침대 시트에 그 초콜릿이 녹으면서 생긴 일이었다.

카를로가 네 살이 되자, 그의 부모는 아이를 어린이집에 보냈다. 외동이었던 카를로는 다른 아이들과 어울리는 것을 좋아했고, 어린이집에 가는 것도 아주 좋아했다. 이 시기의 카를로는 이미 자신만의 신념을 가진 활기찬 성격의 아이였다.

카를로는 어린 시절부터 평화로운 기질을 지니고 있어 또래 친구가 자신을 때려도 절대 상대하지 않았다. 당시 그의 폴란드인 새 유모는 카를로에게 괴롭히는 친구에게 맞받아치라고 가르쳤지만, 카를로는 그 조언을 따르지 않았다. 강한 기질의 이 유모에게 카를로는 '지나치게' 착한 아이로 보였을 것이며, 유모는 카를로가 여느 이탈리아 아이들처럼 '마마보이'로 자라지 않기를 바랐을 것이다. 그러나 카를로는 강하게 맞서라는 주변 사람들에게 "제가 힘으로 친구들을 대하면 주님께서 싫어하실 거예요."라고 대답했다.

카를로는 이야기하는 걸 좋아하는 소년이었다. 생후 3개월 만에 '아빠'라고 말했고, 4개월이 되자 '엄마'라고 말을 한 것은 우연이 아니었다. 카를로를 만나는 사람들은 카를로에게 친근감과 호감을 주는 엄청난 소통 능력이 있음을 알아볼 수 있었다. 카를로는 이웃의 요청에 적극적으로 귀 기울였고, 모든 사람들과 잘 어울렸다. 그의 가장 큰 장점은 모든 사람들이 자신을 사랑하게 만드는 법을 잘 알고 있다는 점이었다. 그는 아이들과 어울리지 못하는 어른들의 마음도 사로잡을 수 있었다. 그는 절대 화를 내지 않았고, 항상 기뻐했다.

이런 카를로의 성정에 대해 다른 유모도 이렇게 증언했다. "카를로는 하느님을 향한 굳은 믿음을 지녔고, 주위 사람들의 마음을 알아챌 수 있는 순수한 마음을 가졌어요. 카를로는 천사 같은 아이였답니다. 그 아이의 가장 큰 미덕은 겸손이었고, 언제나 다른 사람들에게 관대했어요. 카를로가 어릴 적에 사나운 친구들에게 해코지를 당했던 적이 있었어요. 잠자코 있던 아이에게 우리는 화를 내며 맞서서 싸우라고 했지만, 카를로를 설득할 수는 없었답니다."

카를로 가족의 지인인 몇몇 부인은 카를로를 그리워하며 이렇게 말했다. "이제 카를로는 우리 곁에 없지만, 저는 겸손한 마음으로 카를로에게 기도를 청하고 싶어요. 우리가 절망에 빠졌을 때 우리를 지켜 주는 케루빔 천사처럼 카를로가 항상 하느님 곁에서 우리를 지켜 주기를 바라면서요." 그리고 이렇게 덧붙였다. "친구들과 어울릴 때에도 카를로는 항상 마음가짐을 흐트러트리지 않았어요. 이러한 신비롭고 금욕적인 태도로 인해 카를로는 다른 아이들과 확연히 구분되었답니다."

카를로의 친구들은 천사처럼 진솔한 그에게서 깊은 감동을 받았다. "처음에는 카를로의 죽음을 믿을 수 없어서 많이 힘들었어요. 하지만 카를로가 우리의 마음을 주님께로 돌리고 따듯하게 해 준 천사였다는 확신이 들면서 조금씩 마음이 바뀌었지요. 여전히 마음은 아프지만, 카를로가 하늘 나라에서 늘 기쁘게 지낼 거라고 믿으면 위로가 돼요."

유년 시절

유년 시절의 카를로는 5월부터 9월까지 여름의 대부분을 살레르노 지역의 관광 마을인 첸톨라에서 보냈다. 그곳은 외가 친척들이 살던 곳이었다. 팔리누로 해변의 작은 언덕 위, 아름다운 초원으로 둘러싸인 카를로의 외갓집은 그의 외증조할아버지 · 할머니도 어린 시절을 보낸 곳이었다. 미국 뉴욕의 쌍둥이 빌딩 근처의 자택에서 태어난 외증조할머니는 첸톨라의 대지주 가문 출신이었다.

그의 외증조할머니는 가난한 사람들을 돕는 중요한 일들을 했었기에 많은 사람들에게 알려지고 인정을 받았으며, 지금도 나폴리와 살레르노 항구의 어부들은 그 도움을 기억하고 그를 위해 기도를 바치고 있다.

카를로는 첸톨라 해변에서 아침부터 이른 오후까지 시간을 보내며 준비해 간 샌드위치와 과일로 점심을 간단히 먹었다. 외할아버지 정원의 나무에서 과일 따는 것을 좋아했던 카를로는 종종 직접 딴 과일을 이웃들에게 선물하기도 했다. 좋은 자연환경과 시골의 고즈넉함, 인간미 넘치는 소박함은 카를로가 개방적이며 자주적인 인물로 성장하는 데 도움이 되었을 것이다. 상냥하고 솔직했던 카를로는 마을 주민 모두와 친구가 되었다.

카를로는 사람들과 함께 있는 것을 좋아했으며, 다른 사람들과 어울리며 새로운 친구를 사귀는 데에 거리낌이 없었다. 그의 외향적인 성격 덕분이었다. 이러한 남다른 그의 붙임성과 공감 능력에 사람들은 찬사를 보냈다.

카를로가 첸톨라에 머물고 있을 때, 외할머니가 친구의 칠순 잔치에 초대를 받았다. 외할머니는 그를 혼자 둘 수 없어 잔치에 데리고 갔는데, 그곳에 카를로가 아는 이는 거의 없었다. 하지만 저녁 식사가 끝나 갈 무렵, 카를로는 모두의 친구가 되어 있었다. 외할머니의 친구는 이렇게 말했다. "모든 사람이 저 착하고 소탈한 아이가 누구냐고 제게 물었답니다. 또 어떤 어른들은 카를로와 멋진 대화를 나눴으며, 그 아이가 겨우 열두 살이라는 사실에 깜짝 놀랐다고도 했지요."

첸톨라의 어떤 부인은 편지에 이렇게 적었다. "카를로는 아주 특별한 아이였어요. 모든 면에서 뛰어났지요. 아주 어릴 때부터 매일 미사에 참여했던 카를로는 착하고 예의 바르며, 항상 여유로워 보였어요. 영성체를 할 때는 얼마나 정성을 다하던지, 지금도 눈에 선하답니다. 마치 작은 천사처럼 보였어요. 저를 보며 인사를 하던 그 눈빛과 미소가 또렷이 기억나는군요. 다른 아이들과 광장에서 놀거나, 강아지와 산책을 하는 카를로를 창밖으로 본 적이 있었어요. 카를로는 욕을 하거나 소리를 지르는 법이 없었어요. 다른 아이들이 못살게 굴어도 싸우지 않았지요."

이웃집 부인도 이렇게 증언했다. "카를로는 모든 사람에게 친절했어요. 누구를 만나든 인사를 하고 이야기를 나누었지요. 그는 매우 예의가 바른 아이였고, 화를 내거나 나쁜 말을 하는 모습을 본 적이 없어요. 카를로는 매일 미사에도 참례했답니다."

카를로를 잘 알던 첸톨라의 어느 부인도 그를 이렇게 기억했다. "카를로는 매우 예의 바른 아이였어요. 예기치 못한 카를로의 죽음에 마을 전체가 슬퍼했지요. 카를로는 하느님을 향한 믿음뿐만 아니라, 겸손과 예의범절에서도 시대를 초월해 모든 이들이 본받아야 할 모범이었어요. 카를로는 해변에서 돌아오면 오후에는 반드시 매일 미사에 참례했답니다."

카를로가 방학을 보냈던 외갓집의 마을 주민들은 누구나 카를로를 알고 아꼈다. 주민들은 신선한 과일과 계란을 카를로에게 선물로 주었고, 이를 기쁜 표정으로 받는 카를로를 자신의 아들이나 손자처럼 여겼다.

그의 외할아버지와 외할머니는 첸톨라에서 하느님께서 준비하신 듯 뛰어난 폴란드 여학생에게 카를로를 돌봐 달라고 부탁했다. 그 젊은이는 4년 동안 카를로와 함께 지냈는

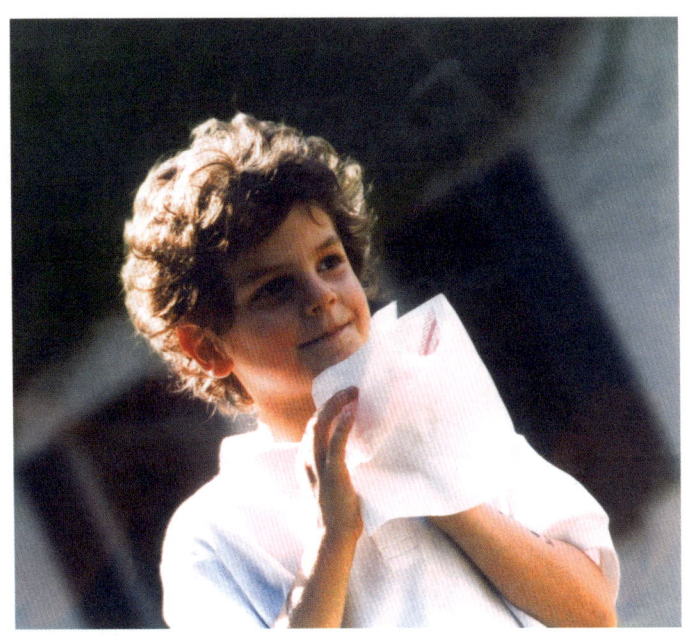

'주님의 천사' 카를로.

데, 카를로는 그를 '또 다른 엄마'로 여기며 따랐다.

카를로를 매우 아꼈던 그는 카를로에 대해 갖고 있던 좋은 기억을 이렇게 증언했다. "처음 만났을 때, 박물관의 미술 작품에서나 볼 법한 '작은 천사'처럼 생긴 카를로를 보고 깜짝 놀랐어요. 그의 눈은 내면의 빛을 발산하는 듯했지요. 카를로의 영성은 마치 '여느 성인의 영성'과도 같았습니다. 매일 미사에 참례하고 묵주 기도를 바치는 아이는 쉽게 만날 수 없으니까요. 카를로가 다섯 살 무렵, 카를로와 그의 어머니와 함께 폼페이의 성모 성지를 짧게 순례했었는데, 그곳에서 카를로가 지닌 특별한 성모 신심을 볼 수 있었어요. 카를로는 폼페이의 성모님께 묵주 기도를 바치고 싶어 했고, 우리 모두 기적의 성모님 그림 앞에서 함께 묵주 기도를 바쳤답니다."

카를로는 부모님과 선생님들을 매우 잘 따랐다. 학교에 갈 나이가 되자, 카를로의 부모는 밀라노의 유명 사립 학교인 성 카를로 초등학교에 아들을 입학시켰다. 그러나 3개월 후, 그의 어머니는 집과 더 가깝게 마르첼리노 수녀회에서 운영하는 톰마세오 초등학교로 카를로를 전학시켰다. 카를로는 다니던 학교를 떠나는 것이 너무도 싫었지만, 이내 새로운 환경에 적응했고 따뜻하고 친근한 환영을 받았다.

학교 정문에서 아이들의 등교를 돕던 한 수녀는 카를로에 대해 말했다. "저는 카를로를 초등학교 때부터 알았어요. 카를로를 보자마자 그가 특별한 아이라는 것을 느꼈지요. 카를로를 보살피던 안드레이나 수녀님은 카를로에 대해 열정적으로 이야기해 주었어요. 저는 카를로를 언제나 차분하고 예의 바르며 활기차면서도 순종하는 소년으로 기억한답니다. 사람들과 어울리는 것을 좋아하던 카를로는 항상 친구들에게 둘러싸여 있었지요. 정문에서 만나는 우리 수녀들에게도 매우 품위 있게 대했어요. 등교할 때나 하교할 때 우리에게 존중과 친절을 담은 미소로 인사를 했지요. 이러한 그의 모습이 많은 젊은이들에게 귀감이 되기를 바랍니다."

마르첼리나 수녀는 카를로에게 찬사를 보내며 말했다. "저는 카를로가 입학했을 때부터 알고 지냈어요. 카를로는 언제나 예의 바르게 행동했고 시간 약속도 잘 지켰지요. 겸손하고 부지런했으며, 자신을 모르는 사람들에게도 따뜻하게 대해 주었답니다. 카를로는 아름다운 미소로 항상 우리를 응원해 주었어요."

카를로는 누구를 만나든 항상 열린 마음으로 도움을 주려 했다. 학교 관리인의 증언에 의하면, 카를로는 자전거를 타고 가다가도 부러 와서 인사를 했다고 한다. 대부분 외국인이었던 많은 관리인이 카를로의 친절과 겸손을 기억했다. 그들은 이탈리아 사람이 자신들을 기억한다는 사실에 놀라움을 느꼈는데, 어느 누구도 카를로처럼 그들을 신경 쓰지 않았기 때문이다.

"건물을 관리하는 저를 카를로가 종종 만나러 왔습니다. 그 아이의 친절과 겸손, 총명함이 기억납니다. 카를로는 매우 신앙심이 깊은 소년이었어요. 외국에서 온 우리들을 마치 친구처럼 대하며 아무런 차별도 두지 않았지요. 카를로는 우리가 편안함을 느낄 수 있게 해 주었습니다."

"저는 아리오스토 거리에서 건물 관리인으로 일하면서 카를로를 알게 되었습니다. 그 아이는 매일 아침과 오후에 저를 만나러 왔었지요. 가던 길을 멈추고 종종 대화를 나누기도 했습니다. 외국인인 저를 편하게 대해 주었어요. 카를로는 착하고 모범적이며 매우 순수한 아이였어요. 똑똑했고 또래보다 훨씬 어른스러웠어요. 평일에는 매일 미사에 가는 것도 보았습니다."

카를로가 살던 집의 관리인도 증언했다. "카를로는 솔직함으로 상대방의 마음을 열어 모든 이들에게 평온함과 차분함을 느끼게 해 줬어요. 자신과 의견이 다른 이들의 오해에도 성숙하게 대처했고, 그 과정에서 상대방에 대한 존중도 잊지 않았습니다. 그 모습을 본받고 싶을 정도였어요. 카를로와 잠시만 있어도 긍정적으로 변하는 저 자신을 느낄 수 있었습니다. 카를로는 유복한 가정에서 자랐음에도 겸손했어요. 사회·종교적 배경으로 상대방을 깎아내리지 않도록 주의했지요."

이러한 증언들은 출신이나 인종, 종교와 같은 외적 조건이 아닌 내면을 바라보며 모든 사람을 환대했던 카를로의 열린 마음을 보여 준다. 사람들에게 친근하게 대하며 그들을 즐겁게 해 주는 능력은 카를로의 순수함과 사랑 가득한 마음에서 비롯된 것임이 분명하다.

또래 아이들과 마찬가지로 만화를 좋아했던 카를로는 좋아하는 캐릭터를 완벽히 그릴 수 있는 소질이 있었다. 열다섯 살이 될 때까지, 카를로가 가장 아끼던 캐릭터는 포켓몬스터 시리즈의 '피카츄'였다. 조그만 동물 캐릭터들이 등장하는 포켓몬스터 게임은 다양한 조건들을 부여해 캐릭터의 전투력을 올려 대전에서 승리하는 방식의 게임이다.

카를로는 강아지들도 매우 좋아했다. 강아지들은 특유의 발랄함으로 집안의 분위기를 밝혀 줬다.

'브리치올라'라는 이름의 작은 도베르만종 강아지를 입양한 이후, 카를로와 브리치올라 사이에는 누가 포켓몬스터 인형을 차지할 것인가를 두고 경쟁이 벌어졌다. 카를로가 가장 좋아하는 인형을 지키기 위해 옷장에 숨겨 두면, 브리치올라가 인형을 찾을 때까지 계속해서 짖어 대는 장면이 매일 반복됐다.

카를로를 아는 사람들은 그가 매일 영성체를 했기 때문에 깊은 생각을 할 수 있는 능력과 사교성을 동시에 갖추고, 기쁨 충만한 생활을 조화롭게 살아 낼 수 있었다고 말한다.

교황청 신앙교리부 소속의 고위 성직자 한 명은 아시시에서 만난 카를로를 이렇게 기억했다. "아주 좋은 인상을 준 아이였습니다. 카를로와 종교나 문화에 대한 다양한 의견을 나누었는데, 청소년임에도 불구하고 잘 양육되어 확고한 그리스도교적 원칙들을 받아들여 심화시키고, 그 힘으로 살아갈 능력을 지닌 것처럼 보였습니다. 카를로는 매우 단순하지만 단호하게 어른이 된 후 어떻게 살 것인지에 대한 계획을 표현했습니다. 카를로는 주님께서 주신 재능, 특히 지적 능력과 컴퓨터에 대한 다양한 활용 능력으로 전력을 다해 이웃을 돕고 싶어 했지요."

교황청립 동방 교회 연구소와 로마 성서 대학 교수였던 한 예수회 신부는 카를로와 여러 차례 만난 느낌을 이렇게 말했다. "카를로는 단순하면서도 놀라울 정도로 솔직한 소년이었습니다. 성찬례에 열정적으로 참례하면서 신앙의 깊이를 알아 갔고, 그렇게 아는 바를 살아 내었지요. 카를로는 오늘날의 젊은이들 중에 특별한 은총을 받았음이 분명합니다. 저의 사제직에도 카를로는 지울 수 없는 밝은 흔적을 남겼습니다."

종교 간 대화의 전문가이자 샤를 드 푸코의 작은 자매회 수녀 한 명도 증언했다. "우리는 만나자마자 서로를 응원하고 이해하게 되었습니다. 식탁에서는 가장 논쟁적인 주제로 이야기를 나누었고, 인도를 방문했던 이야기를 하는 제게 그곳의 젊은이들에 관한 수준 높은 질문을 던졌습니다. 또한 교회와 구송 기도, 묵상 기도를 주제로 이야기를 나누기도 했습니다. … 카를로는 열심히 봉사하는 것과 가난한 사람을 돕는 것, 그리고 영혼의 구원을 위해 열심히 기도하는 것 중 가장 중요한 것은 무엇인가에 대한 도발적인 질문을 던지기도 했습니다. 그는 자신만의 방식으로 봉사하는 법을 알았고, 스스로 하느님 정원의 어린양이 되어 하느님께서 거두어 주시도록 했습니다. 카를로의 호기심 가득한 환한 미소는 그가 살아온 역사가 담긴 책처럼 느껴졌습니다. … 부활 주간에 카를로가 '저는 ~을 위하여 저 자신을 봉헌합니다.'라는 놀라운 기도를 했을 때, 영혼을 위한 중개

기도의 비밀이 제게 환히 드러나는 것 같았습니다."

풀리아 출신의 한 친구는 카를로의 순수함에 대해 "카를로는 그의 깨끗했던 삶에서 우러나오는 향기를 느낄 수 있을 정도로 순수한 친구였다고 꼭 말하고 싶어요."라고 증언했다.

학교생활

여느 아이들처럼 카를로도 학교에 다녔다. 그는 반에서 가장 뛰어난 학생은 아니었다. 몇몇 과목에서는 카를로보다 뛰어난 친구들이 있었다.

카를로는 친구들과 깊은 우정을 맺었지만, 그들 중 일부는 카를로가 나이에 비해 아는 것이 많고 거룩한 척을 한다며 못마땅해하기도 했다. 그들은 카를로가 방학 때마다 아시시에 가는 것을 이해하지 못했다. 대부분은 방학 동안 피서를 가거나 유행하는 여행지로 떠나기 때문이었다.

친구의 부모들 중 일부는 카를로가 휴양지가 아닌 아시시에 가는 것을 '부모의 욕심'으로 치부하기도 했다. 그러나 카를로는 세상을 떠나기 얼마 전 자신의 영적 지도 신부에게 "아시시는 제게 가장 행복한 곳이에요."라고 말했다.

카를로는 그 나이대 아이들에게 걸맞지 않은 일들을 했다. 때때로 그는 친구들을 돕기 위한 컴퓨터 프로그래밍 작업에 몇 시간을 보내기도 했고, 몇 시간 동안 계산해 이해할 수 없는 공식들을 써 내려가기도 했다. 카를로는 친구들에게 능력을 인정받았다.

반 친구들은 여전히 카를로를 매우 뛰어난 친구로 기억한다. 카를로는 자신이 가진 뛰어난 컴퓨터 활용 능력으로 컴퓨터를 배우고 싶거나 더 잘 활용하고자 하는 친구들을 도와주려 노력했다. 그는 컴퓨터를 다루는 능력이 앞으로 더 중요해질 것이라 확신했다.

카를로에게는 선생님이나 조력자 없이 독학으로 무엇이든 빠르게 습득할 수 있는 특별하고 뛰어난 능력이 있었다. 이는 주변 사람들도 모두 인정하는 바였다. 그의 어머니는 카를로가 혼자 색소폰 연주법을 익히는 모습을 보고 깜짝 놀랐다. 어린 나이에 색소폰 연주법을 독학하기란 분명 쉬운 일은 아니다.

친절한 성격이었던 카를로는 반 친구들을 즐겁고 유쾌하게 해 주기 위해 짧은 이야기나 재미있는 동영상을 만들어 친구들에게 보여 주는 것을 즐겼다. 하루하루를 매우 진지하게 보내는 그의 모습에서 자신의 삶을 진정 사랑하는 카를로를 볼 수 있었다.

그는 작은 일에도 최선을 다했다. 카를로는 토리노 조부모님 집의 요리사처럼 훌륭하게 요리하는 법을 배우고 싶어 했다. 그 요리사는 이렇게 회고했다. "카를로는 제 요리법에 관심이 많았고, 배우고자 하는 열정도 강했던 특별한 아이였어요. 게다가 예의와 존중으로 저를 대했던 유일한 소년이었지요. 수많은 집에서 일하면서 수많은 젊은이들을 만났지만, 카를로처럼 점심 식사 후 항상 찾아와 좋은 음식에 감사를 표했던 상냥한 소년을 본 적은 없었답니다."

일 때문에 밀라노를 자주 떠나야 했던 카를로의 어머니는 아들의 학업을 도와줄 사람을 찾기로 결심했다. 학교 선생님 한 분이 그 역할을 맡게 되었고, 그는 오랫동안 카를로와 함께하며 특별한 친구가 되어 주었다. 아직 어린 나이였던 카를로도 선생님과 함께 이야기하고 공부하는 것에 편안함을 느꼈다.

이에 대해 그 선생님은 이렇게 증언했다.

성탄절이 되면 저금한 돈으로 친구들을 위한 선물을 마련하곤 했던 카를로.

"카를로는 공부에서든 가정 환경에서든 어려움을 겪는 친구들도 도왔습니다. 이는 매우 훌륭한 자질이고, 카를로가 항상 타인에게 관대하게 사랑을 베풀었음을 의미하지요. 그는 수녀님들뿐만 아니라 선생님, 반 친구들에게도 매우 섬세한 학생이었어요. 매번 크리스마스 축제가 열리면 카를로는 저금한 돈으로 친구들을 위한 선물을 마련했고, 한번은 저에게도 직접 그림을 그린 커다란 장식용 초를 선물로 주었답니다.

카를로는 매우 안정적이고 예의 바르며 신중한 아이였습니다. 제 나이보다 성숙한 아이라는 인상을 항상 받았어요. 특히 매우 고귀한 영혼과 겸손의 덕을 지닌 아이였어요. 자신의 부유함을 결코 뽐내지 않았지요. 그의 친구들은 종종 좋은 차나 집, 돈을 뽐냈지만, 카를로는 이런 이야기를 일절 하지 않는 사려 깊은 아이였어요. 친구들이 유행을 좇을 때에도 카를로는 자신만의 매력을 알고 있기라도 한 듯 영향을 받지 않았어요.

카를로에게 깊은 인상을 받았어요. 그는 매일 미사에 참례했고, 저에게도 함께 가자고 했어요. 착하고 특별했던 그 아이를 결코 잊지 못할 거예요. 저는 카를로가 주님과 매우 가까웠을 거라고 확신합니다. 카를로는 자기 책상 앞에 예수님의 멋진 그림을 붙여 두고서 누구도 만지지 못하게 했답니다. 요즘 시대에 카를로처럼 순수한 아이를 찾기란 결코 쉽지 않을 거라고 말씀드리고 싶어요."

카를로가 부모님에게 '또 다른 엄마'라고 고백한 선생님은 카를로가 초등학교를 다니는 내내 그를 돌봐 주었다. 그는 카를로의 죽음이 마치 아들을 잃은 것 같다고 고백했다.
"카를로는 어릴 때부터 조용하고 예의 바른 아이였어요. 또래라면 으레 할 법한 장난도 거의 치지 않았고, 짓궂은 장난에 친구들을 끌어들이지도 않았지요. 동료 선생님들도 항상 깔끔하고 우아했던 카를로를 눈여겨보았어요.
카를로는 꼬마 신사 같았답니다. 카를로는 자라면서 진정 선한 사람이란 어떤 사람인지 몸소 보여 줬고, 도움이 필요한 사람을 돕고 싶어 했어요. 한때는 카를로가 선한 자신의 모습을 과시하려는 게 아닐까 생각한 적도 있었지만, 그와는 정반대로 매우 수줍음이 많았어요. 친절하다는 저의 칭찬에 대단한 일도 아니라고 답하곤 했었지요.
카를로는 친구들에게 인기가 많았고, 친구들도 카를로에

게 항상 다가갔어요. 친구들 사이에 다툼이 생기면 카를로는 중재자가 되기도 했지요. 카를로는 학생 본연의 일에도 매우 충실했어요. 학업과 교우 관계에 어려움을 겪던 한 친구에게 다가가 그를 보살펴 주었고, 엄청난 인내심으로 매일매일 그 친구를 도왔답니다."

초등학교와 중학교 친구들

카를로는 패션의 유행이 상업적 투기의 결과라고 보았다. 그는 언제나 단정하게 옷을 입었고, 이런 카를로를 유행에 뒤처졌다며 놀려 대는 친구도 있었다.

카를로는 경찰 수사를 다룬 영화와 텔레비전 퀴즈 쇼를 주의 깊게 보았고, 유명 퀴즈 쇼를 모티브로 한 게임도 갖고 있었다. 카를로의 어머니와 가사 도우미 라제시는 카를로가 선정적인 방송이나 광고가 나오면 손으로 눈을 가렸다고 증언했다.

카를로는 세상을 떠나기 전까지 학교에서 사귄 많은 친구들과 만났다. 그들 중 몇 명은 카를로에 대한 서면 증언을 했는데, 갑자기 하늘 나라로 떠난 친구를 위해 자신의 의견을 표현하는 것이 중요하다고 생각했기 때문이었다. 카를로는 방과 후 친구들과 간식을 먹으며 톰마세오 초등학교 앞 작은 광장에서 이야기를 나누거나 축구를 하곤 했다.

카를로에게는 하루에도 여러 번 전화를 거는 여자 친구들이 있었다. 가족들은 카를로에게 고백을 하는 아이들이라고 생각했지만, 순수한 우정이었음을 나중에 알게 되었다. 카를로에게는 특별한 여자 친구가 한 명 있었다. 카를로의 컴퓨터 수업에 흥미를 가졌던 그 친구는 언젠가 남자 친구에게 차여 슬프다며 카를로에게 '뽀뽀'를 해 달라고 청했다. 카를로는 친구를 위로하기 위해 뺨에 가볍게 뽀뽀를 해 주었다.

카를로의 초등학교 친구 중 한 명은 이렇게 증언했다. "오늘 소중한 친구인 카를로에게 편지를 쓰고 싶었지만, 그리움과 격한 감정이 밀려와 힘이 들었어요. 카를로가 너무 그리워요. … 카를로의 밝은 미소, 활기찬 목소리, 진심이 담긴 친절, 자기 일처럼 나서 줬던 마음, 사심 없는 도움 … 카를로와의 진실했던 우정이 그리워요.

카를로는 단순한 친구 이상이었어요. 넓은 마음으로 남

을 먼저 생각했지요. 카를로는 저를 괴롭히는 동급생들에게서 저를 지켜 주었고, 공부를 할 수 있도록 격려해 줬어요. 어려운 과목은 카를로의 도움을 많이 받았답니다.

카를로가 저에게 많은 가르침을 주었다는 것을 이제야 깨닫게 되네요. 카를로에게서 다른 사람을 사랑하는 법과 그들을 존중하는 법을 배웠어요. 그러기 위해 그들의 행동 방식을 이해하고, 그들을 진실하게 대해야 한다는 것도 배웠습니다.

지금도 저는 의심과 미래에 대한 불안으로 힘들게 살고 있어요. 저의 위대한 친구에게 힘을 주었던 믿음과 희망을 저도 청하고 싶어요. … 이제 카를로는 저의 수호천사예요. 그는 세상을 떠났지만 변한 것은 없어요. 여전히 카를로는 저와 가까이 있으니까요."

카를로와 가까웠던 다른 친구는 이렇게 말했다. "카를로는 무척 순수했어요. 다른 애들과 비교했을 때, 친구들에게 항상 충실했던 친구였다고 말하고 싶어요. 카를로는 마음이 넓었고, 친구들에게 헌신했어요. 그 애는 종종 미사에 자주 가는 것이 중요한 이유에 대해 이야기한 적이 있었어요. 카를로는 주님과 교회에 한결같이 성실했답니다."

다른 친구는 카를로와 함께했던 시간을 이렇게 기억한다. "제가 초등학교 2학년이던 일곱 살 때 카를로와 만났어요. 우리는 친해졌고 자주 만났지요. 카를로는 모든 면에서 뛰어났고 너그러웠으며 친구들과 잘 지내는 법을 알았어요. 그는 친구들을 돕기 위해 노력했는데, 한번은 장애가 있는 친구를 괴롭히는 아이들에게서 친구를 지켜 주기도 했어요.

우리는 종종 다양한 주제로 토론을 하기도 했어요. 토론 주제가 낙태였을 때, 카를로는 태아 역시 하느님의 자녀라고 힘주어 말하며 교회가 말하는 생명의 가치에 대해 설명했던 게 기억나요. 저는 세례를 받지 않았는데 저에게 세례 성사의 중요성에 대해 여러 번 설명해 주었어요. 카를로는 신앙이 깊었고, 미사에도 열심히 참례했어요.

카를로는 신앙에 대해서도 많이 알고 있었어요. 종교 과목 선생님께서 복음서의 어떤 구절을 기억하지 못하시면 항상 카를로에게 물어보셨어요. 우리들 대부분은 제대로 대답도 못 했겠지만, 카를로는 항상 대답을 할 수 있을 정도였지요.

카를로와 알고 지내면서 죽음조차 끊을 수 없는 강한 우정이 우리 사이에 생겨났어요. 처음에는 카를로의 적극성과 공감하는 태도를 좋아했어요. 카를로의 엄청난 믿음도 놀라웠지만, 그보다 더 인상 깊었던 것은 그가 삶의 모든 순간에 만족하며 행복해했던 점이었어요. 기쁠 때나 슬플 때나 상관없이요. 카를로의 얼굴에는 언제나 미소가 그치지 않았어요.

카를로와 함께한 8년은 짧았고 아쉬웠어요. 하지만 카를로는 지금도 여기 있고 앞으로도 영원히 함께할 거예요. 사람들은 카를로가 천국에 있을 거래요. 천국이 진짜 있는지 잘 모르겠지만, 카를로는 분명 아름다운 곳에 있을 거예요."

카를로에 대한 사람들의 증언은 그가 지적으로나 어려운 개념을 이해하는 능력에서 뛰어난 소년임을 잘 드러내 준다. "카를로는 특별했어요. 반 친구 중에 정신 장애를 지닌 친구가 있었고, 많은 아이들이 그 친구를 놀리고 비웃었지요. 하지만 카를로는 항상 그 친구를 지켜 주려고 했어요."

"우리는 항상 같이 다니면서 많은 이야기를 했어요. 어느 날 카를로는 혼인성사의 중요성에 대해 이야기를 했어요.

카를로는 교회의 가르침대로 결혼 전까지는 순결을 지켜야 한다고 단언했던 게 기억나요. 열다섯 소년이 한 말이라고 보기에 일반적이진 않았죠."

"카를로는 항상 저를 도와주었고, 힘든 순간에는 특유의 감성으로 응원해 주었어요. 카를로는 겸손했고, 뽐내지 않았으며, 가진 것을 사람들과 나누던 아이였어요. 항상 다른 사람을 먼저 생각한 다음에야 자기를 챙겼고요. 사실 저는 4학년 때 학교에 잘 가지 않았는데, 수학에 재능이 있던 카를로는 힘들었을 텐데도 제 수학 공부를 기꺼이 도와주었어요."

"카를로가 매일 미사에 간다고 얘기했을 때, 저는 좀 이상하게 생각했어요. 하지만 카를로는 믿음과 희망, 자선 같은 그리스도교의 일곱 가지 덕목을 온전히 갖춘 순수한 아이였답니다."

카를로가 교회에 충실했다는 점은 모든 증언에 일관되게 드러난다. "카를로는 항상 가톨릭 교회의 가르침을 따랐어요. 낙태를 무고한 생명을 살해하는 행위로 보고, 강력히 반대했지요. 저는 카를로가 사랑이 가득한 위대한 친구라고 생각해요. 카를로는 신앙을 확신했고, 그에 맞게 살았어요. 자신의 능력을 뽐내지 않았고 겸손했지요."

"카를로는 어느 날 연말 미사에 갔을 때 성당에서 불손하게 행동하는 사람들을 보고선 그들을 꾸짖기도 했어요. 카를로는 믿음이 깊었고, 모든 미덕을 실천하면서 매일 미사에 참례했어요. 그는 자신의 재능이나 가진 것을 결코 자랑하지 않았어요. 매우 겸손했죠."

카를로를 아는 사람들은 그가 생명의 가치와 교회의 가르침에 얼마나 충실했는지 주목했다. "카를로는 항상 약자들 편에 섰습니다. 낙태와 가족의 문제에 있어 교회의 입장을 옹호했고 공유했지요. 그는 모든 사람들과 친밀했고, 관계의 유지에 뛰어난 사람이었어요. 하느님을 진심으로 믿었던 그는 저에게 삶과 믿음의 모범이 될 거예요."

카를로는 도움이 절실한 이들에게 버팀목이 되었다. "카를로는 넓은 마음과 이타심의 소유자였어요. 성적이 나빴던 반 친구의 공부를 자원해서 도와주었지요. 장애를 이유로 부당하게 놀림과 비웃음을 받던 친구를 카를로는 항상 지켜 주었어요. 설령 누군가 그를 도발하거나 자극해도 쉽게 넘어가지 않았지요. 그는 언제나 차분하게 사람들을 대했어요.

종교 수업 시간에 카를로는 척척박사였어요. 선생님께서 잘 모르던 부분이나 성경에 대한 조언을 구할 정도였지요. 클라우디오 신부님과는 종교를 주제로 이야기를 나누었어요. 카를로를 기억하는 모든 이들은 그의 깊은 신앙과 위대한 사랑에 대해 이야기해요.

카를로는 교회의 모든 윤리 원칙을 존중하는 매우 순결한 소년이었어요. 이를 존중하지 않는 친구들에게 조언해 주었고, 그 원칙을 이해시켜 주려고 노력했답니다.

카를로의 선종 후 오히려 카를로와 더 가까이 있는 것 같아요. 카를로가 그랬던 것처럼 저도 자원봉사를 시작했고, 미사에도 다시 나갔어요. 카를로에게 도움을 청하는 기도를 하면서 성당과 많이 가까워졌지요. 제가 주님과 다시 가까워질 수 있었던 것은 의심의 여지없이 카를로 덕분이었어요."

카를로는 어린아이들을 좋아했다. 쉬는 시간이면 저학년 아이들과 축구를 하기도 했고, 후배들의 집으로 가 숙제를 돕기도 했다. 카를로의 아버지는 아들의 인내심이 아이들을 사랑할 수 있었던 이유였을 거라고 말했다. 카를로의 일곱 살짜리 조카는 삼촌을 볼 때마다 '세계 최고의 왕'이라도 맞이하는 것처럼 환호했다. 카를로가 자주 놀아 주었던 친구의 사촌 동생들은 카를로를 이렇게 기억했다. "카를로 오빠가 참 좋아요. 저랑 항상 놀아 주고 저를 웃게 해 줬어요."

초등학교와 중학교 생활을 카를로와 함께했던 친한 친구의 어머니는 이렇게 증언했다. "카를로는 크든 작든 모든 일에 도전했고 절대 낙심하지 않았어요. 어떤 일에서든 긍정적인 측면을 보았고, 의미를 찾으려 노력하면서 재도약의 기회로 삼았지요. 게다가 뛰어난 유머 감각으로 친구들을 응원했답니다.

또래와는 달리, 카를로에게는 열린 마음이 보였어요. 누구도 차별하지 않았고, 편견과도 거리가 먼 아이였지요. 친구들을 순서대로 자기 집에 초대할 정도로 마음이 넓고 따듯했던 카를로는 친구나 가정의 문제로 어려움을 겪는 친구가 있으면 더 자주 초대하곤 했어요.

저는 유복한 집안의 자녀들에게서 흔히 볼 수 있는 과시욕을 카를로에게서 보지 못했어요. 옷도 검소하게 입었고,

장난감도 친구들에 비해 적었지요. 섬세했던 카를로는 다른 아이들과 비교되는 것을 피했답니다.

카를로는 부모님의 말씀도 잘 들었어요. 그의 겸허함이 매우 인상적이었지요. 카를로가 자신을 드러내기 위해 다른 사람에게 상처를 주는 것을 본 적이 없어요. 오히려 뛰어났음에도 더 부족한 인상을 주려 했었지요.

카를로는 자신의 일에 대해 매우 신중하게 이야기했어요. 친구들이 유행을 따라 물건을 살 때에도 냉정함을 유지했고, 명품이나 물건을 구매해 자신을 과시하는 것에도 관심이 없었어요.

카를로가 세상을 떠났을 때 가장 놀라웠던 점은 고통에 동참하는 가족들의 모습이었어요. 그 아이의 죽음은 제 삶을 변화시켰답니다. 특히 그의 부모님을 보면서 부모가 된다는 것의 의미를 다시 발견했어요. 아들을 잃었음에도 하느님의 뜻에 맡겨 드리는 모습은 엄청난 울림으로 제게 다가왔지요. 지상에서의 삶의 의미와 우리 행동의 가치에 대해 성찰하다 보니, 제 아들과의 관계도 더욱 풍요로워졌답니다.

시간이 흐른 지금까지도 제 마음속에는 이런 생각들이

엄마와 아빠의 기쁨이었던 카를로.

더 확고해졌습니다. 요즘 딸아이의 건강이 좋지 않은데, 제게 카를로의 이야기를 들은 제 친구는 제 딸의 건강을 위해 기도하면서 특별히 카를로의 전구를 청했답니다."

인문 고등학교

열네 살이 된 카를로는 예수회에서 운영하는 밀라노의 레오 13세 고등학교에 입학했다. 그곳에서 카를로의 인격이 충만히 형성됐다. 컴퓨터 공학을 공부하면서 그는 밀라노의 산타 마리아 세그레타 본당의 웹사이트를 관리하는 일을 맡았다.

공부에도 열심이었던 카를로는 시간을 쪼개 견진성사를 준비하는 아이들을 위해 자원봉사를 했다. 그는 이 봉사를 매우 좋아했고, 수업 때문에 함께할 수 없을 때면 매우 미안해했다.

같은 해, 그는 레오 13세 고등학교의 자원봉사단을 위한 새로운 웹사이트를 설계했다. 2006년 여름 내내, 전국 공모전을 준비하면서 많은 학급의 자원봉사 광고 제작을 촉진하고 조정하며, 학교 웹사이트를 구상하면서 시간을 보냈다. 카를로는 컴퓨터와 비디오카메라로 영상을 만들어 친구들을 즐겁게 해 주었다. 자신만의 쾌활함과 성실함으로 친구들에게 인기가 많았던 그는 반에서 사실상 '엔진'과 같은 임무를 수행했다. 좋든 싫든 그는 학교 전체의 참여를 독려하는 조정자의 역할을 맡았다.

레오 13세 고등학교의 영적 지도 신부인 예수회 로베르토 가차니가 신부는 중요한 증언을 남겼다. "카를로는

2005-2006학년도에 문과로 지원했습니다. 처음부터 카를로는 신중함과 명석함이라는 매력을 발산했지요. 학교에 대해 오랫동안 알았던 것처럼 새 학기부터 친절하고 온화하며 진심을 다하던 그의 태도는 신입생에게는 흔히 볼 수 없는 모습이었어요.

카를로는 신사적이고 적극적이며 신선한 모습으로 친구들이나 선생님들과 친하게 지냈고, 교직원들과도 가까웠습니다. 그는 학교생활에 열정적으로 참여해 주변 사람들을 친구로 만들고, 그들도 자신을 친구로 여길 수 있게 되기를 바랐습니다. 그리고 이는 매우 성공적이었지요."

가차니가 신부는 이어서 이렇게 증언했다. "카를로가 교우 관계에 어려움을 겪는 친구들에게 관심을 갖기 시작한 것도 그때부터였습니다. 아시다시피 많은 청소년들은 새 학교에서 새 친구들과 친해지는 데 상당한 시간이 필요하지요. 그러나 카를로는 첫날부터 반과 학교에서 새로운 만남을 힘들어하는 친구들을 위해 신중함과 존중, 용기로 그들에게 다가가 친구가 되어 주었답니다.

카를로가 세상을 떠나고 몇 달 후, 반 친구들에게 기억나는 카를로의 특징에 대해 물어보았어요. 입학 첫날부터 어려움을 겪는 친구들을 알아차리고, 그들 곁에 서서 그들이 새로운 분위기에 잘 적응할 수 있도록 도우며 용기를 북돋고 주저하거나 망설이던 친구를 격려하던 카를로에 대해 많은 친구들이 이야기해 주었지요. 그들은 친구 사이의 관계를 원활하게 하고, 신뢰와 친밀감을 형성할 수 있게 도와준 카를로에게 고마워하고 있었답니다."

가차니가 신부의 말에서 카를로와 학교 친구들과의 풍요롭고 활기찬 관계를 알 수 있었다. "서로가 함께하고 있다는 느낌을 주는 것이 제가 일찍부터 카를로에게서 느낀 그의 특징이었습니다. 2교시 후에는 쉬는 시간이 조금 긴데, 카를로는 그동안 2개 층의 복도를 돌아다니며 학생들과 선생님들을 만나고 다녔습니다.

때로 카를로는 친분이 깊지 않은 친구들에게도 다가갔어요. 대체로 쉬는 시간이 끝날 때까지 혼자 자기 자리나 그 근처에 있던 친구들이었지요. 카를로는 사람들을 이끌고 함께하게 하는 활기와 열정적인 매력을 지녔답니다. 동시에 늘 존중하는 법을 알았지요.

많은 어른들도 주도적이면서도 예의 바르고, 형식에 얽매이지 않는 카를로에게 깊은 인상을 받았습니다. 학교에서 오랫동안 수위로 일하셨던 한 분은 평소 수영장 쪽 쪽문으로 등교하던 카를로가 쉬는 시간에 자신이 일하고 있던 정문으로 와 아침 인사를 하고 갔으며, 종종 쉬는 시간에도 인사를 하러 왔다고 기억했어요. 대체로 아이들은 자기 기분에 따라 인사를 하거나 말지만, 카를로는 매번 진심으로 인사를 하고 가서 인상이 깊었다고 말하더군요.

카를로는 쾌활함과 적극성으로 누구도 소외되지 않게 했으며, 주변의 지지와 공감을 이끌어 내는 호감 가는 소년이었어요. 그는 타고난 자질과 뛰어난 능력을 가졌음에도 다른 아이들의 농담이나 조롱거리가 되지 않았어요. 종종 아이들은 친구 중 한 명이 뛰어나면 그를 깎아내리는 경향이 있으니까요. 경쟁과 비판이 팽배한 이 시대에 한 청소년이 자신이 받고 키워 온 풍부한 재능을 알고 있으면서도 다른 사람을 높게 보는 것은 쉽지 않은 일입니다.

저는 카를로의 이러한 태도가 그를 위대하게 만드는 또 다른 이유라고 봐요. 그의 선함과 진정성은 뛰어난 사람을 깎아내리려는 시대의 흐름에 맞선 승리입니다. 그는 분명 맑고 깨끗한 삶을 살았어요. 자신의 신앙을 숨기지 않았고, 대화나 인사를 할 때도 상대의 입장을 존중하면서 자신의 종교적 원칙을 분명히 했지요. 제 동료 중 한 명이 카를로의 반에 가서 방과 후 그룹 활동으로 '그리스도교 생활 공동체'를 홍보한 적이 있는데, 카를로가 복도까지 따라 나와 '선생님께서 제안하신 복음적 삶에 대해 관심이 있어요.'라고 말했답니다. 그는 카를로가 그 홍보에 관심을 보인 유일한 학생이었다고 말하더군요."

가차니가 신부는 카를로를 기억하는 학생들의 의견을 모아 이렇게 증언했다. "저는 카를로의 친구들에게 카를로가 남겨 준 선물은 무엇인지 물었어요. 아이들은 공통적으로 그의 명랑함과 활기, 너그러움에 큰 영향을 받았다고 이야기했지요. 카를로는 언제나 친구들과 우정을 쌓기를 바랐고, 자신을 발전시켜 나간 학생이었어요.

어떤 학생은 카를로를 자극하는 일이 있었음에도 그가 화내는 것을 결코 본 적이 없다고 했어요. 카를로는 해야 할 일을 하면서도 다양한 부분에 관심을 가졌고, 인자하게 웃으며 모두와 사이가 좋았던 소년이었지요.

어떤 학생은 카를로가 곁에 있으면 나쁜 기분이 사라져 버린다고도 했어요. 카를로의 쾌활함은 주변 친구들에게

닿아 선한 영향력을 일으켰지요.

대체로 그 또래 학생들의 관심은 자기 자신에게 집중되는 경향이 있어요. 때로는 자기만의 세상에 갇히기도 하지요. 하지만 카를로는 사회와 정치에도 관심이 많았어요.

친절하고 따뜻하게 사람들을 맞이하는 성향을 지녔던 카를로는 주도적으로 친구들을 집에 초대하곤 했고, 대화할 때에도 상대방이 관심을 받고 있다고 느낄 정도로 진정성이 느껴졌어요. 반 친구들은 카를로를 주도적이고 계획적이며 신뢰할 수 있는 친구로 기억하지요.

제가 학생들의 도움이 필요했을 때, 카를로는 자원봉사단에 가입해 전문가들이 사용하는 웹사이트 구축 프로그램으로 다양한 활동을 했습니다. 여름 내내 이를 설계하고 프로그래밍하며 실행하느라 바쁘게 보내야 했지요. 학부모 자원봉사단 회의에 참석한 사람들은 자원봉사에 대한 관심을 불러일으키기 위해 CD를 제작하기로 했다는 카를로의 설명을 듣고 깊은 감명을 받았어요. 특히 그의 말투와 열정, 창의력에 매료되었지요. 그들은 카를로의 친절하면서도 활기차며 효과적인 프레젠테이션과 그의 리더십에 칭찬을 아끼지 않았답니다."

비디오카메라를 손에 든 카를로.

가차니가 신부는 카를로의 삶에서 하느님을 찾는 신앙을 강조하며 증언을 마무리했다. "카를로를 마지막으로 본 것은 학생들을 위한 자원봉사 활동 설명회가 있던 2006년 10월 4일의 전주 토요일이었어요. 저는 몇 가지 수정을 제안했고, 카를로는 기꺼이 제안을 받아들여 줬어요. 카를로는 또래 친구들의 수준을 뛰어 넘는 작품을 만들어 냈어요. 그는 프레젠테이션을 친구와 함께 진행했는데, 끝날 무렵 제가 청중들에게 이 작품이 카를로의 솜씨라고 알리자 우레와 같은 박수가 터져 나왔어요. 카를로는 기분이 좋으면서도 쑥스러워했던 것 같아요.

생명과 사람에 대한 그의 사랑, 인간적이고 맑았던 삶을 결코 잊지 않을 거예요. 우리 모두는 그와 진실하고 기쁜 관계를 맺었고, 그 모든 힘의 원천이 하느님과 사람에 대한 사랑을 일치시키려 했던 카를로의 맑고 기쁨 가득했던 삶에 있었다고 확신해요.

한 명의 사제이자 청소년 사목자로서 저는 카를로가 친구들에게 미친 긍정적 영향을 보고 들으며 매우 기뻐했답니다. 저는 카를로가 반죽 속의 누룩처럼 소리도 없이 빵을 부풀게 하는 존재였다고 확신해요. 지금은 생명의 열매를 맺기 위해 땅에 들어간 한 알의 씨앗이지요. 사람들은 카를로에 대해 진정 행복한 한 명의 젊은 그리스도인이자 '선물'이라고 말할 거예요. 카를로의 이름은 존경심과 그리움을 불러일으키지요. 카를로는 분명 우리 마음속에 있지만, 동시에 그가 그리워요."

그를 사랑하고 존경하던 학교 친구들의 증언도 많다. "저는 학교에서 카를로와 낙태에 대해 토론을 했던 것이 떠올라요. 카를로는 자신의 신념에 따라 낙태에 반대하면서, 생명권은 모든 생명체의 특권이자, 주님께서 우리에게 주신 것이기에 값으로 따질 수 없는 신성한 가치라고 일목요연하게 주장했었답니다."

다른 친구는 이렇게 회상했다. "저는 가끔씩 카를로의 집에 가서 함께 공부하거나 시간을 보냈어요. 카를로는 미사의 중요성에 대해 이야기하면서 신앙생활을 열심히 하지 않던 저를 설득하기 위해 성체의 기적 이야기를 자주 해 주었어요.

그리고 카를로는 여자 친구를 사귀는 것은 매우 중요한 일이고 소중한 일이기에 무책임하고 가볍게 만나서는 안 된다고도 했어요. 카를로는 남성은 여성을 존중해야 한다고 주장하면서도, 남자 친구를 자주 바꿔 대는 여자애들을 꾸짖기도 했어요.

카를로는 도덕적 가치를 중요시했던 건전한 원칙을 지닌 소년이었어요. 예를 들면 종교 수업 중 낙태에 대한 토론을 할 때, 카를로는 낙태가 무죄한 생명을 죽이는 것이기에 낙태를 반대하는 주장을 폈던 게 기억이 나요.

카를로는 모든 이들의 친구가 되고 싶어 했고, 곁도는 친구들과도 잘 어울렸어요. 문제 있는 아이들에게도 관심을 둬서, 그들도 반의 중요한 구성원임을 느낄 수 있게 이끌어 주었지요.

카를로는 신앙심도 깊었어요. 일주일에 미사를 여러 번 갔고, 주님과 나누는 대화는 짧더라도 힘이 있다고 믿었어요. 매일 묵주 기도도 바쳤고요. 카를로가 세상을 떠나고 저는 성당에 다시 나가기 시작했어요. 카를로의 전구 덕이라고 생각해요."

한 친구는 카를로의 뛰어난 친화력과 개방성에 대한 모두의 인정에 공감하며 증언했다. "카를로는 제가 가진 문제와 두려움을 듣고 안심시켜 주었어요. 그래서 카를로를 빛나고 의지할 수 있는 친구라 생각했지요. 우리는 쉽게 친해질 수 있었어요.

2005년 10월 즈음이었어요. 자전거를 타고 집으로 가면서 카를로에게 성적이 잘 나오면 친구들이 나를 놀리거나 괴롭힐까 봐 두렵다고 말했어요. 초등학교와 중학교에 다닐 때도 그랬거든요. 그러자 카를로는 저를 진정시키면서 필요하면 언제든 도와주겠다고 위로해 줬어요.

카를로는 저뿐만 아니라 친구를 사귀는 데 어려워하는 다른 두 친구에게도 다가가서 다른 친구들과 가까워질 수 있도록 응원해 줬어요. 카를로는 매우 활기찬 친구였지요. 누군가 토론을 하고 있으면 쉽게 대화에 참여했고, 공부와 거리가 먼 활동에도 적극적이었어요. 지리 수업 시간이었어요. 카를로는 묵주 기도를 의미 없이 노래하듯 바치는 것보다 짧게라도 주님과 매일매일 대화하는 것이 더 바람직하다고 선생님을 설득했어요."

선생님 한 분은 카를로가 맡은 일에 성실했을 뿐 아니라 친구들이 참여하도록 이끄는 능력이 있었다고 말했다. "한 번은 카를로가 반 친구들뿐만 아니라 저도 특별한 방법으로 참여케 했던 적이 있었어요. 전국 대회였던 「자원봉사 이제는 당신 차례!」에 참여하기 위해 자원봉사 활동의 아름다움에 관한 광고 문구를 준비한 것이죠. 세상을 떠나기 얼마 전, 카를로는 반 친구들도 많이 참여할 거라 확신하며 학교 대표로 여름 방학 내내 준비했던 작품을 제게 자랑스럽게 보여 주었답니다."

컴퓨터에 대한 열정

카를로는 컴퓨터를 잘 다루던 재능 있는 소년이었다. 종종 누군가의 부탁으로 웹사이트를 만들기도 했고, 그의 본당에서도 웹사이트를 만들어 달라 부탁했다. 그때 카를로와 함께 일했던 한 청년은 밀라노 폴리테크닉 대학의 컴퓨터 공학 전공자였는데, 자신에게 깊은 인상을 준 카를로를 이렇게 기억했다. "처음부터 저는 알고 있는 전공 정보를 그와 공유하며 그의 열정을 알 수 있었어요. 나이에 비해 뛰어난 그의 재능은 매우 놀라웠어요. 그가 자라서 컴퓨터 공학자가 되는 것을 돕고 싶은 생각에 제가 하는 공부에 더 자극을 받기도 했답니다."

카를로 아버지의 지인인 저명한 컴퓨터 공학자는 카를로에 대해 이렇게 증언했다. "카를로는 컴퓨터 프로그래밍에 뛰어난 능력을 가진 아이였습니다. 그 나이의 아이가 어떻게 저와 비슷한 실력으로 컴퓨터에 관해 이야기를 할 수 있는지 당황스러울 정도였지요. 대학생과 전문가를 위한 전공 서적을 쓴 저와 비슷한 실력이었답니다."

교황청립 '순교자 현양' 학술원 사무처장은 카를로를 이렇게 기록했다. "그는 정보 전달의 새로운 도구인 컴퓨터에 뛰어난 재능을 보였고, 능력과 헌신으로 우리의 바티칸 웹사이트Vatican.va의 개설을 도와주었습니다. 성체성사에 관한 주제가 나올 때마다 그는 거기에 빠져들었고, 또래와는 달리 매일 미사에 참여하는 모습을 보여 주었어요. 우리 학술원은 카를로의 위대한 믿음과 사랑에서 비롯된 희생정신을 미래 그리스도인 세대에게 전하고자, 카를로를 교회와 교황에 대한 미덕과 헌신의 모범으로 내세울 것입니다."

카를로의 몇몇 친구들은 컴퓨터에 관한 그의 열정과 능력에 감탄하며 말했다. "카를로는 컴퓨터 프로그래밍에 상상 이상의 열정과 뛰어난 지성을 가졌어요. 카를로가 열정을 갖고 가르쳐 준 저는 실패했지만요. 중학교 졸업반 때, 시험을 위해 컴퓨터로 프레젠테이션을 할 때도 카를로는 저를 도와주려고 했어요. 누가 시키지도 않았는데 말이에요."

또 다른 친구의 말이다. "카를로는 항상 친절하고 배려심이 넘쳤어요. 중학교 졸업을 위한 제 논문 작업을 도와주겠다고 했지요. 카를로는 컴퓨터를 잘 다뤘고, 웹 프로그래밍 언어에 관한 대학 교재도 이해했어요. 저에게 사용법을 알려 주려고도 했고요. 그에게는 간단한 일이었지만, 사실 저는 컴퓨터에 관심이 없어서 이해하기 어려웠어요. 컴퓨터 활용 능력이 뛰어났던 카를로는 종종 친구들에게 자신의 능력을 보여 주곤 했어요. 졸업 시험이 있을 때, 많은 친구들에게 원하기만 하면 컴퓨터 프레젠테이션을 도와주겠다고도 했어요."

많은 이들이 컴퓨터에 대한 카를로의 재능과 그 재능을 도움이 필요한 이들과 나누고자 하던 마음을 인정했다.

"장애인뿐만 아니라 우리에게도 카를로는 헌신적이었어요. 우리에게 졸업 시험 때 컴퓨터로 프레젠테이션을 하고 싶은지 묻고 도와주려 했어요. 컴퓨터에 재능이 많았거든요. 사랑을 많이 나눠 준 카를로가 세상을 떠난 후 저는 다양한 표징을 받았어요."

"제가 카를로를 만났던 것은 열한 살 때였어요. 그는 항상 매우 마음이 넓었지요. 제가 말하지 않았는데도 카를로는 저의 시험 프레젠테이션을 도와주고 싶어 했어요. 다른 친구들도 카를로의 컴퓨터 실력을 인정했지요. 카를로 덕분에 저도 컴퓨터에 대한 열정이 생겼어요."

"저는 경제학과 상업을 전공하고, 이후 수학과 컴퓨터 공학을 공부했어요. 하지만 지금도 카를로만큼은 못 됩니다. 카를로는 분명 어떤 영감을 받았을 거예요. 그렇게 어린 학생이 컴퓨터 공학을 잘 알았던 것을 보면 말이지요."

"카를로는 윤리 문제에 대한 교회의 가르침을 존중했습니다. 그는 이웃에게 관대했던 매우 순수한 젊은이였어요. 가끔 제가 몰랐던 프로그램을 이해하고 개선할 수 있도록 도와주었는데, 그의 능력은 정말 특별했어요."

"카를로는 컴퓨터 프로그래밍의 천재였어요."

"제게 컴퓨터에 대해 많은 것을 알려 주었고, 덕분에 저도 이제는 컴퓨터를 잘 다룰 수 있게 되었어요."

"카를로는 컴퓨터 천재예요."

"카를로는 매우 성실했고, 다른 사람들을 돕는 것을 좋아했어요. 궁핍한 사람들에게 자선을 베풀었고 고등학교의 자원봉사 활동도 잘 이끌어 나갔지요. 작년과 올해에도 그는 능숙한 솜씨로 컴퓨터를 활용해 봉사 활동 프레젠테이션을 했고, 부탁받지 않았는데도 반을 위해서 프레젠테이션을 했습니다. 그의 넓은 마음을 볼 수 있었지요."

"카를로는 청소년에게 자원봉사에 대한 인식을 고양할 수 있는 광고를 제작하자는 종교 과목 선생님의 제안에 적극 참여했어요. 특유의 컴퓨터 재능으로 세상을 떠나기 며칠 전까지도 학교 전체를 위한 몇몇 프레젠테이션을 작업했답니다."

"카를로가 컴퓨터를 사용해 프로그래밍하는 것을 보면 그의 엄청난 지식에 놀라곤 했어요."

"학교에서 자원봉사 장려 영상을 만드는 데 열심이었고, 컴퓨터로 다른 반의 프로젝트를 돕기도 했어요."

"저보다 여섯 살이나 어린 카를로는 제가 컴퓨터를 온전히 사용하지 못하고 있다고 말했어요. 저는 컴퓨터를 잘 다루었지만, 프로그램을 해독하지는 못했거든요. 하지만 카를로는 자신이 사용하는 프로그램들을 해독할 줄 알았고,

'컴퓨터를 사용하는 방법을 안다고 하려면 사용하는 프로그램을 해독할 줄 알아야 해. 그렇지 않으면 단순한 기술자이지 프로그래머는 아니야.'라고 말하곤 했어요. 저는 전문학교에서 컴퓨터를 배웠지만, 사실상 카를로에게 공짜 수업을 받은 셈이었지요."

"제가 기억하는 카를로는 쾌활하고 밝으며 너그럽고 무엇보다 기꺼이 도움을 주려 하던 소년이었어요. 방학이 끝나자마자 그는 컴퓨터로 자원봉사에 대한 영상 편집을 시작했어요. 컴퓨터 활용법을 알려 달라고 부탁하자 기꺼이 오랜 시간을 내서 가르쳐 주었고, 덕분에 저도 컴퓨터를 잘 사용할 수 있게 되었지요."

"제 딸이 컴퓨터의 비밀번호를 잊어버린 적이 있었어요. 그때 카를로는 비밀번호를 복구할 수 있게 도와주었지요. 카를로가 아니었다면, 딸에게 새 컴퓨터를 사 줘야 했을 거예요."

사람들은 카를로가 컴퓨터 천재임에 동의했고, 그의 특별한 능력에 대해 증언했다. 카를로는 온종일 컴퓨터만 만지작거리는 젊은이들에게 모범이 되며, 컴퓨터의 올바른 사용법을 알려 주는 일종의 나침반 같은 존재이다. 이 새로운 도구를 잘못 사용하면, 자칫 파멸의 수단이 되는 경우도 많기 때문이다.

카를로가 좋아한 동물들

카를로는 동물을 매우 좋아했다. 그는 고양이 두 마리와 강아지 네 마리 외에 금붕어도 몇 마리 키웠다. 유기된 동물을 발견하면 집에 데려가자고 부모님께 조르기도 했다. 그와 가까웠던 사촌은 2004년 여름 방학 때 있었던 인상 깊은 사건에 대해 알려 줬다.

카를로가 그린 밤비

"카를로는 동물에게 매우 다정했어요. 어느 날 해변에 갔다가 나폴리에서 온 아이들을 만나 친해졌지요. 그런데 그중 한 아이가 볕을 쬐던 도마뱀을 보고 돌로 쳐 죽이는 걸 본 카를로는 펑펑 울며 화를 냈어요. 카를로의 어머니가 도마뱀은 예수님과 함께 있다고 말하며 그를 진정시키자 그는 이내 차분해졌지요. 저는 도마뱀 때문에 그렇게 괴로워할 수 있다는 것이 놀라웠어요. 카를로가 동물을 사랑한다

카를로가 집에서 키운 고양이 두 마리와 강아지 네 마리, 그리고 그의 충실한 컴퓨터.

는 것은 누구나 알 수 있었어요. 강아지 네 마리와 고양이 두 마리, 또 금붕어들도 키웠으니까요."

카를로는 하느님께서 만드신 동물이 무無로 돌아가는 것은 불가능하기 때문에 모든 동물이 죽으면 하늘 나라에 갈 것이라 확신했다. 바오로 6세 교황은 얼마 전 죽은 강아지를 하늘 나라에서 다시 만날 수 있냐는 어린이의 질문에 반드시 다시 볼 수 있다고 답했다. 이러한 교황들의 말을 카를로는 매우 신뢰했다. 그는 '교황님은 주님께 직접 영감을 받았기 때문에' 동물들이 죽으면 하늘 나라에서 주님의 환대를 받을 것이라 확신했다.

카를로는 컴퓨터뿐만 아니라 전자 기기를 다루는 데에도 재능을 보였다. 그는 가끔씩 반려동물을 주인공으로 한 영상을 만들기도 했다. 강아지들의 우스꽝스러운 모습을 촬영해 친구들과 부모님을 즐겁게 하기도 했고, 친구들을 초대해 '뚱뚱보 스텔리나'라고 불렀던 강아지의 영상을 보여주기도 했다.

카를로는 자신이 가장 아끼던 강아지 브리치올라의 영상도 만들었다. 미니 도베르만종이라 생김새가 사나웠던 브리치올라를 카를로는 '일곱 마귀가 들린 강아지'라고 불렀

카를로가 그려 색칠한
'뚱뚱보 스텔리나'.

다. 어머니가 키우던 강아지 키아라에게는 '지존 쥐'라는 별명을 붙였다. 강아지 무리의 리더인 키아라는 다른 강아지들에게 공포의 대상이었다. 어머니의 물건이 있는 자신의 영역에 들어오려는 모든 존재에 으르렁거렸기 때문이었다.

동물에 관한 단편 영화로 카를로는 친구들 사이에서 유명 인사가 되었다. 특히 사악한 사령관 키아라와 '나쁜 고양이 군단'이 세계를 정복하는 영화를 기억하는 친구들이 많았다.

이 단편 영화에서 강아지들은 마치 연기를 배우기라도 했던 것처럼 자신의 역할을 완벽하게 소화했다. 사악한 고양이 역의 클레오파트라는 지구를 차지하기 위해 강아지

카를로가 그린 폴도(좌)와 '사악한 사령관' 역의 키아라(우).

무리를 격퇴하는 최고 사령관 역할을 빼어나게 수행했다. 강아지 폴도는 외무장관을, 브리치올라는 최고 사령관에게 맞서는 역할을 맡았다. 카를로의 꿈이 영화감독은 아니었을까 생각해 보게 된다.

카를로가 그린
'외무장관' 역의 폴도.

카를로는 돌고래도 사랑했다. 어머니의 기억에 의하면 카를로가 조부모님과 보트 여행을 떠날 때 돌고래를 보게 해 달라고 예수님께 기도했다. 기도의 효과는 실로 놀라웠다. 할아버지는 그날을 이렇게 회상했다. "카를로와 함께 지낸 시간 중, 가장 놀라웠던 때는 제노바 남쪽 산타 마르게리타 리구레에서의 체험이었을 거예요. 돌고래 몇 마리를 보고자 먼 바다로 나갔었죠. 그런데 갑자기 수십 마리의 돌고래가 우리 배 주위를 둘러싸고 30분가량 맴돌며 뛰어다녔어요. 너무나 특별한 기쁨과 행복으로 가득 차 꿈인지 생시인지 모를 정도로 기억에 남는 순간이었지요."

카를로가 그린 클레오파트라.

카를로가 사랑한 동물들. 강아지 넷, 고양이 둘, 돌고래와 도마뱀, 물고기들.

조부모님과의 관계

카를로는 친가와 외가 조부모님과 모두 잘 지냈으며, 그들을 매우 사랑했다. 카를로가 네 살이던 때 불행히도 외할아버지가 돌아가셨다. 얼마 후 카를로는 외할아버지가 나타나 연옥에 있는 자신을 위해 기도해 달라는 부탁을 했다고 말했다. 이후 카를로는 외할아버지를 위한 기도를 멈춘 적이 없으며, 미사를 '죽은 사람의 영혼이 연옥에서 벗어날 수 있도록 도와주는 가장 훌륭한 기도'라고 여겼다.

자신이 사랑하는 외할아버지가 연옥에 있는 것을 보고 매우 놀란 카를로는 친조부모를 위해서 그들이 연옥을 피할 수 있게 기도했다. 그는 연옥에 있는 다른 영혼들의 구원을 위해서도 기도했고, 짧은 생애 동안 알게 된 가족, 친구, 선생님과 성직자, 수도자들을 위해 기도했다.

다른 지역에 사는 할아버지를 만날 때마다 카를로는 할아버지의 조언과 깊은 지혜를 새겨듣고 삶에 적용하려 했다. 그는 할아버지와 오래 이야기하는 것을 좋아했고, 할아버지를 기쁘게 해 드리려 체스나 단어를 맞히는 보드게임을 하곤 했다.

조부모님은 카를로와 멀리 떨어져 살기도 했지만, 바쁜 업무 탓에 그들이 밀라노에 오더라도 손자를 자주 볼 수 없었다. 그래서 카를로는 조부모님을 만나러 갈 기회가 생기면 마치 큰 축제에 가는 양 기뻐했다.

이런 불규칙한 만남에도 불구하고 카를로는 할아버지를 존경했으며, 그의 조언을 따랐다. 할아버지는 카를로에게 더 신중한 사람이 되라고 가르쳐 줬다.

카를로는 두 할머니와도 가까웠다. 한 분은 아일랜드와 폴란드인의 피가 흐르고, 다른 한 분은 이탈리아인이었다. 두 할머니 모두 카를로를 순수하고 다정하며 믿음이 깊은 아이로 보았다. 독실한 가톨릭 집안 출신인 그들은 카를로처럼 훌륭한 아이를 본 적이 없다고 말했다.

1995년 외할아버지가 돌아가시자 외할머니 루아나는 외동딸 안토니아와 손자 카를로와 가깝게 지내고 싶어 밀라노로 이사했다. 외할머니는 손자에 대해 이렇게 말했다. "카를로는 성체성사를 매우 좋아했어요. 안토니아가 일 때문에 로마에 갔을 때, 심한 두통으로 힘들어하는 제게 미사에 데려가 달라고 떼를 쓰며 졸랐었지요. 엄마가 일 때문에 밀라노에 없으면 특별히 더 그랬던 것 같아요."

아시시에서 보낸 휴가

카를로는 휴가의 대부분을 아시시의 별장에서 부모님과 강아지들과 보냈다. 근처에 사는 미렐라 할머니의 손자들인 마티아와 야코포와도 친해져 함께 자주 어울렸다.

아시시는 아름다움으로 가득한 도시이고, 시골 풍경은 아이들이 들판과 도랑에서 자유롭게 뛰어놀고 싶게 만들었다. 카를로는 마티아와 야코포와 함께 맑은 공기를 마시며 즐거운 시간을 보냈다.

여행을 좋아했던 카를로.

휴가를 보내던 아시시 거리에서.

아시시는 빈자의 성인이자 자연과 피조물을 사랑했던 프란치스코 성인의 흔적이 깃든 곳이자, 하느님의 선함과 지혜를 느낄 수 있는 곳이었다. 호기심 많은 탐험가처럼 카를로는 그곳의 아름다움을 더 잘 알고 싶은 열망으로 가득 차 아시시의 평원을 걸으며 하느님을 찾으려 노력했다. 맑은 공기와 햇살, 더위, 바람은 카를로와 친구들을 차분하게 만들었다.

마티아와 카를로는 또래였고, 야코포는 몇 살 어렸다. 카를로는 그들과 여름 내내 사진을 찍고 수풀을 헤치고 다니며 공용 수영장에서 공놀이를 했다. 카를로는 수영장에서 친해진 인명 구조원들이 수영장에 빠진 벌레를 건지는 일을 종종 돕기도 했는데, 가끔은 그들이 카를로를 수영장에 빠트리려 해서 난처해하기도 했다.

2006년 여름, 직접 일을 해서 용돈을 벌고 싶었던 카를로는 부모님의 허락을 받아 수영장에서 바리스타로 일하기도 했다.

Carlo Acutis

―――――――――――――――――――――――― 제 2 장

카를로의 영성의 길

성 프란치스코와 파도바의 성 안토니오가 카를로의 삶에 미친 영향

 카를로는 아시시에 머무는 동안 성 프란치스코의 가르침을 알아 가며 가까워질 수 있음을 기뻐했다. 카를로는 가난했던 프란치스코의 생애에 관한 책들을 읽으며 전기 작가들이 '또 다른 그리스도'라고 불렀던 성 프란치스코의 겸손함을 이해했고, 본받으려 노력했다. 성 프란치스코가 예수 그리스도의 참된 제자가 될 수 있었던 것은 그의 위대한 겸손 때문이라는 것도 알게 되었다.
 전승에 의하면 프란치스코가 세상을 떠날 때, 엘리야 예언자처럼 불의 전차를 타고 천국으로 올라가는 것이 목격되었다고 한다. 주님께서 루시퍼를 천국에서 쫓아내신 후, 비어 있던 자리를 프란치스코에게 주셨다는 이야기도 있다. '작은 자'가 되고자 했던 성인의 노력은 수많은 사람들의 사랑을 받았다.

카를로는 사람들의 사랑을 받으려면 겸손해야 함을 잘 알고 있었고, 스스로를 '아무것도 아닌' 존재로 여겨야 한다고 부모님께 말하곤 했다. 그는 자신이 이웃에게 친절하고 자비를 베푼다 해서 스스로 '겸손하다'라고 믿는 것은 엄청난 실수라고 생각했다. 카를로에게 겸손은 '도달하기 가장 어려운 지점', '누군가 싫은 말을 하면 금세 화가 나는 것처럼 신기루 같은 영역'이었다.

카를로는 성체성사와 사랑에 빠졌던 성 프란치스코의 삶을 사랑하고 공경했다. 1년 중 200일 이상을 빵과 물로 연명했던 성인의 삶은 무척이나 엄격하고 희생적이었다. 카를로는 그가 어떻게 이탈리아 전역을 돌아다니며 많은 이들에게 복음을 전했는지 궁금했다. 한편 성 프란치스코의 모범 덕분에 카를로는 작은 희생으로 폭식을 극복했고, 그렇게 자신의 유일한 '악습'을 정화시킬 수 있었다.

카를로는 종종 주님께 이렇게 기도했다. "예수님, 당신께

성 프란치스코가 오상을 받은 라 베르나 성지의 숲에서.

서 원하신다면 저를 성인이 되게 해 주세요!" 성 프란치스코의 엄격한 십자가의 길은 카를로가 흉내 낼 수 없는 것이었다. 아시시에서 오랜 시간을 보낸 카를로는, 주님께서 신실하고 완전한 제자인 프란치스코에게 오상을 내려 주셨던 라 베르나산에서 성인의 거룩한 카리스마에 더 가까워질 수 있었다.

라 베르나에서 기도와 고독의 밤을 보냈던 프란치스코는 예수님이 고통의 순간에 느꼈던 사랑과 고통을 조금이라도 느끼고 싶다고 예수님께 청했다. 그는 이렇게 기도했다.

"오, 주 예수 그리스도여! 제가 죽기 전 두 가지 은총을 베풀어 주소서. 하나는 제가 살아 있는 동안 예수님 당신께서 느끼셨던 그 처절한 고통을 영혼과 육체로 가능한 한 느낄 수 있게 해 주소서. 다른 하나는 하느님의 아들이신 당신께서 우리 죄인들을 위해 그토록 큰 사랑을 기꺼이 베푸신다는 것을 느낄 수 있게 해 주소서."

1224년 십자가 현양 축일 즈음, 주님께서는 프란치스코의 기도에 응답하시어, 고통에서도 당신과 하나된 증거로 프란치스코의 몸에 오상의 은총을 새겨 주셨다. 바뇨레조 출신 성 보나벤투라는 성 프란치스코의 삶과 일화를 집대성한 『대전기』에서 오상의 은총을 이렇게 묘사했다.

십자가 현양 축일이 다가올 무렵이던 어느 날 아침, 산비탈에서 기도하던 성인은 불처럼 밝은 여섯 날개를 가진 세라핌의 형상이 거룩한 하늘에서 내려오는 것을 보았습니다. 그것은 매우 빠르게 공중을 맴돌며 하느님의 사람에게 가까이 다가갔고, 날개들 사이에서 손과 발이 십자가에 달린 사람의 형상이 나타났습니다. 두 개의 날개는 머리 위로 솟아올라 있었고, 두 개는 날기 위해 펼쳐졌으며, 두 개는 온몸을 덮고 있었습니다.

그 광경을 본 프란치스코는 매우 놀랐고, 동시에 기쁨과 슬픔으로 마음이 요동쳤습니다. 세라핌의 형상으로 나타나신 그리스도께서 자신을 인자하게 바라보심에 기뻐했으나, 십자가에 못 박혀 계신 모습에 자신의 영혼이 칼날에 찔리는 듯한 고통으로 예수님과 하나가 되었습니다. 그는 그 신비로운 장면을 경이에 가득 차 응시했고, 자신이 겪는 연약한 고통이 세라핌의 영적이고 불멸하는 본성과 결코 공존할 수 없음을 깨달았습니다. 성 프란치스코는 마침내 신적 계시를 깨달은 것입니다. 신적 계시가 보여 준 환상은 그리스도의 친구인 자신에게 육체의 순교가 아니라 영적 화염에 의해 십자가에 못 박히신 그리스도 예수의 눈에 보이는 초상으로 완전히 변화될 것임을 미리 알려 준 것입니다.

카를로는 라 베르나에 머물며 그리스도의 수난과 십자가 희생 제사에 대해 묵상하기를 좋아했다. 그는 피를 흘리지 않고 십자가 희생 제사를 새로이 하는 것으로 미사의 중요성을 이해했고, 피정에도 참여했다.

자신을 포함해 모든 것을 벗어던진 성 프란치스코에 매료된 카를로는, 허영과 교만 그리고 모든 위선을 포기한 성인의 겸손이 모든 고통을 이겨 낼 수 있게 했고, 바로 그때 주님께서 그의 마음에 불을 지피시어 그를 '살아 있는 감실'로 변화시키셨음을 알게 되었다.

카를로는 성 프란치스코가 끊임없이 주님께 감사드리는 사람임을 완전히 이해했으며, 이는 성인이 생애 마지막까지 이루어 간 위대한 겸손 덕임을 깨달았다. 카를로는 자신의 통찰을 가족에게 알렸고, 가족들은 그 의견에 공감했다.

겸손의 탁월한 모범인 '가난한 자' 프란치스코에게 영감을 받은 카를로는 자신을 극복해 복음의 증거자가 될 수 있었다. 카를로를 아는 많은 사람들은 그의 생활 방식에 깊게 감동했다.

"카를로는 항상 저에게 와서 인사해 주었고, 종종 이야기도 나누었어요. 겸손한 아이였고, 제가 외국인임을 느끼지 못하게 대해 주었지요."

"카를로는 매일 미사에 갈 정도로 신앙이 깊었어요. 인상적이었던 것은, 제게 자기 물건을 선물로 준 것이었죠. 제가 원하는 것은 무엇이든 넓은 마음으로 해 주었어요. 제가 외국인인데도요. 카를로는 제가 편안히 느낄 수 있게 도와주었어요. 그가 세상을 떠난 후, 제 안에는 커다란 구멍이 생긴 것 같았답니다."

"카를로는 자신에게 아주 엄격했어요. 사소한 부족함도 고백했지요. 그의 겸손함은 주님께 받은 선물이 분명해요. 부유한 집의 아이면서 그처럼 소박하고 모든 사람들과 잘 지내는 젊은이를 본 적이 없거든요."

"카를로의 미덕과 강한 신앙은 모두에게 유명했어요. 그는 친절하고 관대하며 희생적이고 신실하며 이타적인 소년이었지요. 우리에게 너무나 많은 배려와 위로, 사심 없는 무한한 애정과 그리스도교적 사랑을 주었어요. 그가 가진 내면의 힘은 우리에게 힘과 용기, 희망을 주었답니다. 카를로의 낙관주의는 인생의 미래가 우리에게 가져다줄 모든 것 중 항상 더 나은 것을 수용할 수 있도록 가르쳐 주었어요."

"카를로는 매우 다정하고 속 깊으며 예의 바른 아이였어요. 연날리기를 매우 좋아했던 카를로는 자신의 능력이나 부유함을 결코 뽐내지 않던 겸손한 아이였지요."

"카를로는 '많은 특권에는 많은 책임이 따른다.'라고 스스로에게 원칙을 세웠어요. … 자신에게 찾아오는 모든 이들에게 도움을 주었고, 자원봉사에도 개방적이었어요. … 우정을 맺을 때 조금의 편견도 두지 않는 점, 소외된 이들과 가까이 지내는 점은 저를 매우 놀라게 했지요. 그는 단순했고 외동아들이었음에도 예의가 발랐습니다."

"카를로는 평화롭고 평온한, 마치 천사 같은 아이였어요. 그의 겸손함은 사람의 마음을 여는 힘이 있었고, 그의 미소는 모든 이가 반겼지요. 그는 겸손하고 관대했으며, 무한한 사랑을 지닌 아이였어요."

"카를로의 뛰어난 지성과 감수성, 교양에 깊은 감동을 받았어요. 그와 대화를 나누면 깊은 신앙과 선한 마음이 느껴졌지요. 카를로의 신앙과 지성, 교양은 많은 사람들의 모범이 될 거라 생각해요."

"카를로는 부유한 집안 출신이지만 매우 겸손한 소년이었어요. 돈 이야기를 하거나, 무엇에 대해 뽐내는 법이 없었지요."

"카를로는 윤택한 집안 출신에 재능이 많았지만, 매우 겸손하고 소박했어요."

"결코 허세를 부리거나 나쁜 말을 한 적이 없었어요."

바티칸 라디오의 한 편집장은 이렇게 말했다. "카를로와의 대화는 즐거웠을 뿐만 아니라 그가 발산하는 평온함으로 영적 안정감도 고취되곤 했습니다. 그는 진정 겸손하면서도 무척 순수했습니다."

"카를로는 기도실에서 아이들을 돌보는 일을 맡아서 가끔씩 기도실 열쇠를 찾으러 저에게 오곤 했어요. 그때마다 친절하게 인사하던 카를로의 모습에 저도 그를 좋아하게 되었지요. 카를로는 정말 특별한 아이였어요. 그의 겸손과 예의 바른 모습을 결코 잊지 못할 거예요. 그는 깊은 신앙과 이웃을 향한 큰 사랑을 가진 소년이었지요."

"카를로는 예의 바르고 겸손하며 인자하고 매우 순종적인 소년이었어요."

카를로는 파도바의 성 안토니오에게도 깊은 신심을 가졌다. 성 안토니오는 당신이 사랑하시는 모든 이에게 자신을 내어 주시는 성체 안에 계신 하느님을 좋아했는데, 카를로는 성인이 성체 안에서 길러 내는 겸손과 신앙의 빛나는 모범을 본받고 싶어 했다.

카를로는 성 안토니오가 리미니에서 만난 카타리파 이단의 추종자를 회심시킨 이야기를 매우 좋아했다. 그 이단자는 성체 안에 현존하시는 예수님을 믿지 못했다. 카를로는 성인의 삶을 다룬 사료에서 이 이야기를 보았다.

> 성인은 성체성사를 믿지 않는 카타리파의 한 이단자와 논쟁을 벌였고, 그를 가톨릭 신앙으로 이끌고자 했다. 그런데 그 이단자는 여러 주장을 한 후, 이렇게 선언했다. "안토니오! 당신이 성체성사 안에 그리스도의 몸이 현존한다는 표징을 내게 보여 준다면, 완전히 가톨릭으로 개종하겠소! 나와 내기를 해 보겠

소? 내가 짐승 한 마리를 3일 동안 가두고 굶겨 고통스럽게 만든 후 데리고 나온 다음 음식을 보여 주겠소. 당신은 그리스도의 몸을 들고 나오시오. 만일 그 짐승이 먹이를 무시하고 당신의 하느님 앞으로 가 경배드리면, 나도 당신의 그 믿음을 갖겠소." 성 안토니오는 내기 장소를 그란데 광장으로 정하고 호기심에 찬 군중을 모이게 했다.

그날이 되자 성인은 성광에 모셔진 성체를 들고 몇몇 신자들과 함께 광장으로 갔고, 이단자 보노빌로는 자신의 동료들과 함께 당나귀를 끌고 나왔다. 성 안토니오는 당나귀 앞에 서서 외쳤다. "내가 비록 합당치 않지만, 내 손에 모신 창조주의 이름으로 너에게 명령한다. 앞으로 나와 사제들의 손에 들린 주님께 존경과 경의를 표하거라! 그래야 사악한 자들과 이단자들이 모든 피조물은 그들의 창조주 앞에서 겸손해야 함을 깨달을 것이다." 그 말을 들은 당나귀는 주인의 먹이를 거부하고 성체에 다가가 무릎을 꿇었다.

카를로는 이 기적 이야기에 깊은 인상을 받았다. "분명 그 당나귀는 주님께서 직접 이끄셨을 거예요. 사람들은 당나귀가 주님을 찬미하기보다 먹이를 더 좋아할 거라는 헛된 믿음을 가졌으니까요." 카를로는 성 안토니오의 무덤에서 기도하기 위해 파도바로 여러 번 순례를 갔다. 그는 성인을 성체성사의 모범이자 그리스도의 참된 제자로 보았다.

카를로의 애덕 활동

가난한 사람들을 위한 성 프란치스코와 성 안토니오의 애덕 활동은 카를로에게 자극제가 되었다. 그는 자비로운 사람이 되기 위해 더욱 노력했다. 아시시에서 강아지를 산책시키던 카를로는 공원 바닥에서 며칠째 노숙 중인 사람을 보았다. 이에 대해 외할머니 루아나는 이렇게 말했다.

"카를로는 매일 저녁 가난한 사람에게 줄 음식을 준비해 달라고 부탁했어요. 그러고는 그 음식을 자신의 용돈 1유로와 함께 노숙인 옆에 두었지요. 그가 잠에서 깼을 때 바로 발견할 수 있도록 말이에요."

카를로는 가장 가난하고 불우한 사람들을 도왔다. 때로는 길에서 도움을 청하는 사람에게 자선을 베풀기도 했다.

카를로를 만났고, 그의 자비에 고마움을 느꼈던 두 노숙인의 증언도 의미심장하다.

"저는 매일 미사에 나오던 카를로를 알게 되었습니다. 저는 실업자였고, 산타 마리아 세그레타 성당 앞에서 구걸을 해야 했지요. 제가 기억하는 카를로는 자비롭고 선하며 품위 있는 소년이었어요. 앞으로도 제 마음에 그렇게 남을 겁니다. 그는 매번 저에게 돈을 주었어요. 아마 자기 용돈을 나눠 준 것이겠지요. 불행히도 요즘은 그런 아이들을 거의 볼 수 없어요."

"저는 산타 마리아 세그레타 성당에서 구걸을 하다가 어린 카를로를 만났어요. 매일 저녁 6시나 7시쯤 되면 미사에 가던 카를로가 종종 자기 용돈을 나눠 주며 위로의 말을 건네주었지요. 그의 친절과 너그러움, 깊은 신앙이 아직도 기억나요. 공공 숙소에서 만난 친구 쥬세피나는 우울증으로 점점 죽어 가고 있었는데, 카를로와 그의 어머니 그리고 저를 제외하면 누구도 도우려 하지 않았어요. 식음을 전폐하고 피를 흘리던 쥬세피나를 카를로와 그의 어머니가 병원에 입원시켜 줬고, 40일 동안 돌봐 주었어요. 이 동네에서 카를로 말고는 어떤 아이도 제게 관심을 주지 않았어요. 카를로는 세상에서 제일 착하고 순수한 아이였답니다. 그를 절대 잊을 수 없을 거예요."

카를로는 선교사들을 돕는 일에도 힘썼다. 특별히 밀라노에서 빈자들을 위한 식당을 세워 하루 오천 명에게 파스타를 제공하는 카푸친회의 줄리오 사볼디 신부는 이렇게 증언했다. 그는 '문지기 수사'로 유명한 하느님의 종 체칠리오 마리아 코르티노비스 수사의 고해 사제이자 시복 시성 부청원인이기도 하다. "최근 주님께서는 열다섯 살의 카를로 아쿠티스를 택하시어, 마치 예쁜 꽃처럼 당신의 천상 정원으로 옮겨 심으셨습니다. 저는 카를로를 여러 번 만나는 행운을 누렸습니다. 카를로에 대한 기억이 여전히 생생합니다. 그는 밝은 얼굴의 생기 있는 소년이었고, 아름답고 선한 것에 마음을 열 줄 아는 소년이었습니다. 분명 성령께서 함께하시는 사람이었습니다.

또한 다른 이들의 가난과 고통에 매우 예민했고, 자신의 능력을 최대한 살려서 불우한 사람들의 고통을 덜어 주려 모든 노력을 다했습니다. 그는 어릴 적에 갑자기 사랑의 마음이 북받쳐 올라왔다며 저금통을 들고 와 가난한 아이들을 위해 써 달라고도 했습니다.

그는 어려움에 처한 동시대의 사람들을 돕고, 그들에게 자신감과 안정감을 심어 주었습니다. 그리하여 그들의 얼굴에 기쁨이 빛나도록 해 주었습니다. 그것은 평화와 화해의 빛 아래에서 자신이 마땅히 해야 할 의무를 다하고 서로 존중하는 기쁨이었습니다. 그는 실수하는 사람을 향한 단죄나 판단이 아닌 구원을 위해 성부로부터 파견되신 예수님의 발자취를 따라, 상처 입은 영혼들이 평온 속에서 다시 일어날 수 있도록 자신을 내어놓았습니다.

카를로를 알게 하시고, 그리워하게 해 주신 하느님께 감사드립니다. 카를로는 저에게 선구자이자 사자후처럼 느껴집니다. 선하신 하느님께서 항상 당신의 무한한 선함과 자비로 마련해 주신 신비로운 계획인 그를 따라 제 성소에 더욱 충실하고, 거룩하게 살아가겠습니다."

카를로는 가난한 사람들과 친하게 지냈다. 그는 "돈을 벌 수단이 많거나 사회적 지위가 높은 사람은 그렇지 않은 사람들을 부끄럽게 만들면서 자신을 뽐내지 말아야 한다."라고 거듭 주장했다. 카를로는 "지위나 돈은 그저 종이 쪼가리에 불과"하기에 관심이 없다고도 자주 말했다. 오히려 "영혼의 고귀함, 즉 하느님과 이웃을 사랑하는 태도"가 삶에서 더 중요하다고 생각했다. 카를로는 "모든 인간은 하느님의 피조물"이라 믿었기에, 그의 겸손과 관대함 그리고 박애는 어떠한 형태의 사회적 불의와도 양립할 수 없었다.

카를로 그리고 영원함

카를로는 자신의 영성 생활에서 죽음과 심판, 지옥, 천국이라는, 존재의 마지막에 관한 것들을 '새로운 것들 Novissimi'이라고 부르며 관심을 가졌다. 과거에 몇몇 아이들이 카를로를 '맹신자'라고 생각해 괴롭혔던 적이 있었는데, 그 사건이 이 주제들을 떠올리게 하는 계기가 되었다.

이러한 작은 박해에도 불구하고 그는 항상 지옥, 천국, 연옥에 대한 자신의 견해를 고수했다. "수많은 성인들이 증언했고, 파티마의 발현에서도 볼 수 있듯, 만일 영혼이 지옥에 떨어질 위험이 있다면 왜 우리는 지옥에 대해 이야기하지 않는 건가요? 지옥은 너무나 끔찍하고 두려운 곳이라 생각만 해도 겁이 나는데요."

카를로가 자주 했던 이러한 통찰에 대해 그의 아버지는 이렇게 이야기했다. "제 아들은 아주 평범한 삶을 살았지만, 머릿속에는 언젠가는 죽을 것이라는 생각을 늘 갖고 살았습니다. 사람들이 미래에 대한 질문을 하면 카를로는 이렇게 대답했지요. '그렇습니다. 일단 내일이나 모레 살아 있으면 말이죠. 우리가 앞으로 몇 년을 더 살지 확신을 갖고 말씀드릴 수 없어요. 미래는 오직 하느님만 아시니까요.'라고 말했습니다."

카를로는 올바르게 살아야 한다고 확신했다. "하느님을 만나려면 영혼에 흠이 없고 준비가 되어" 있어야 하기 때문에 아무리 작은 죄라도 고백해야 한다고 생각했다. 영원한 구원에 대한 생각은 그를 깨어 있게 했고, 항상 주님을 만날 준비를 하게 했다.

교황님에 대한 헌신

2000년 대희년을 맞아 처음 방문한 바티칸에서 카를로는 큰 감동을 받았다. 요한 바오로 2세 교황은 전 세계에서 모인 주교들과 새로운 천년기를 성모님께 봉헌했다. 카를로는 성 베드로 광장에 모인 전 세계의 주교단과 포르투갈에서 모셔 온 파티마의 성모상을 보고 깊은 감동을 느꼈다.

카를로의 어머니가 그를 데리고 로마의 바티칸 박물관을 방문했을 때의 일이다. 콘칠리아지오네 거리에서 서점을 운영하던 어머니의 친구가 카를로를 바티칸 정원에 데려가 교황님이 자주 산책하던 장소를 보여 줬다. 그곳에서 깊은 인상을 받은 카

카를로가 깊은 감동을 느낀 파티마의 성모상.

를로는 교황님과 교회에 관심을 갖기 시작했고, 세상을 떠나기 직전에는 교황님과 교회를 위해 자신의 고통을 봉헌했다. 이는 죄인들과 교황님을 위해 희생을 바치라고 한 파티마 목동들의 호소에 대한 응답이기도 했다.

카를로는 전 세계 가톨릭 교회의 수장이자 지도자인 교황님에게 깊은 친밀감을 느꼈다. 그는 도덕과 교리적 진리에 대한 교회의 입장을 옹호했고, 교도권과 교황의 가르침에 반대하는 사람들을 직접 만나기도 했다.

카를로는 요한 바오로 2세와 베네딕토 16세 교황이 가톨릭 신자들에게 촉구했던 기도와 금식을 위한 호소에 응답해야 한다고 생각했다.

카를로를 바티칸 정원에 데려갔던 어머니의 친구는 이렇게 증언했다. "어린 카를로가 교황님과 성체성사에 대해 깊은 신심을 가진 것을 보고 깜짝 놀랐어요. 저에게 바티칸 출입증이 있었기 때문에 카를로는 선물로 교황님이 사시는 곳에 데려가 줄 수 있는지 물었지요. 교황님께서 종종 산책을 하시던 정원으로 카를로를 데려가자, 그 아이는 혹시라도 교황님을 만날 수 있지 않을까 하며 몹시 들떴답니다. 저는 그 모습을 보고 마음이 평온해졌어요.

그곳을 다니면서 다양한 주제로 이야기를 나누는 동안, 저는 카를로의 믿음이 얼마나 큰지 알 수 있었어요. 카를로가 본당과 학교에서 자신이 했던 봉사 활동에 대해 제게 말해 준 덕분에 그가 사랑이 가득한 아이였음을 알 수 있었답니다. 그곳을 나온 후 우리는 함께 미사에 참례했는데, 카를로는 자신이 매일 미사에 참례한다고 말해 주었어요."

교리 교사 카를로

카를로는 항상 모든 종교의 신자들을 위해 기도했다. 특히 유대인들을 위해 먼저 기도했다. 그는 학교에서 전문가용 컴퓨터 프로그램을 이용해 유대인에 대한 특별한 연구를 하기도 했다.

카를로는 "하느님께서 인간에게 주신 가장 큰 선물은 당신의 외아들 예수 그리스도를 세상에 보내신 것"이라 말하면서, 예수님을 알아보지 못한 사람도 있음을 안타까워했다. 그래서 카를로는 항상 "예수 그리스도가 지상의 모든 사람들에게 사랑받고 알려지도록 기도하고 중개하는 것이 매우 중요합니다."라고 말했다.

카를로는 종교 간 대화가 우리 신앙과 복음의 계명을 알리는 데 매우 중요하며, 이를 위해 많은 포기와 희생이 필요하다고 말했다. 2002년 1월 24일 요한 바오로 2세 교황이 청원하고 주재해 아시시에서 열린 종교 간 대화를 텔레비전으로 본 카를로는 이렇게 말했다. "종교 간의 이러한 만남을 위해 교황님은 하느님의 영감을 받으신 것이 확실해요. 회의에 참여한 모든 사람에게 그리스도께서 세상의 유일한 구세주이며, 인간의 구원이 바로 예수 그리스도에게 달려 있음을 알게 하고, 사랑할 기회를 주시는 것이니까요."

카를로는 불교와 힌두교 신자들을 자주 만나며 그들도 예수 그리스도를 알기를 바라는 마음으로 기도했다. "예수 그리스도께서 말씀하신 것처럼 복음은 모두에게 전파되어야 합니다."라고 말했다. 가족의 가사 도우미였던 라제시를 포함한 몇몇 힌두교인들의 증언을 전하고자 한다. 라제시는 카를로가 네 살 때부터 함께 지내며 그에게 특별한 애정을 보였다. 라제시는 카를로가 자주 "나의 든든한 친구"라고 부를 정도로 각별했던 놀이 친구였다.

카를로와 라제시는 함께 시간을 보낼 때면 제임스 본드 같은 스파이 흉내를 내며 놀았다. 카를로는 그 모습을 촬영하는 것을 좋아했고, 두 사람은 함께 웃으며 시간을 보냈다. 라제시는 카를로에 대해 이렇게 말했다.

"카를로는 깊은 믿음과 신심을 지녔기 때문에 제게 가톨릭 교회의 교리를 알려 주는 게 당연했을 거예요. 저는 인도 카스트 제도에서 사제 계층인 브라만에 속하는 힌두교 신자였으니까요. 카를로는 제가 예수님께 가까이 다가가면 더 행복할 거라 말하며 성경과 『가톨릭 교회 교리서』, 성인들의 이야기를 인용해 제게 알려 줬어요.

카를로는 『가톨릭 교회 교리서』를 거의 외울 정도로 잘 알고 있었고, 설명도 매우 훌륭해서 제가 성사의 중요성에 대해 관심을 갖게 해 줬어요. 어른들도 설명하기 어려운 신학적 개념을 아주 쉽게 잘 가르쳐 주었지요. 저는 카를로의 조언과 가르침을 진지하게 받아들이기 시작했고, 결국 세례를 받기로 결심했어요. 카를로는 저에게 그리스도인으로서 스승이자 도덕적 모범이 되는 사람이었어요. 카를로가 제게 보여 주고 전해 준 깊은 신앙과 위대한 사랑, 순수함 덕분에 저는 세례를 받고 그리스도인이 되었어요.

저는 카를로의 삶이 평범했다고 보지 않아요. 그처럼 젊고, 잘생기고, 부유한 소년은 완전히 다른 삶을 선호하는 경우가 많으니까요. 카를로는 영성과 성덕의 훌륭한 모범이었고, 그 덕분에 세례를 받아 그리스도인이 되고 싶어졌어요. 결국 이렇게 성체도 받아 모실 수 있게 되었지요.

카를로는 제게 매일 성체성사에 참여하고 성모님께 묵주기도를 바치며 성모님의 미덕을 본받기 위해 노력해야 한다고 알려 줬어요. 카를로는 항상 '덕이란 밀도 있는 성사적 삶을 통해 얻을 수 있고, 성체성사는 사랑의 정점이며, 성사를 통해 주님께서 당신의 모습으로 만들어진 우리를 완전하게 하셔요.'라고 말했습니다. 그러면서 요한 복음서 6장 54절의 말씀을 반복하곤 했지요. '내 살을 먹고 내 피를 마시는 사람은 영원한 생명을 얻고, 나도 마지막 날에 그를 다시 살릴 것이다.'

카를로는 성체성사가 그리스도의 심장이라고 설명했어요. 매월 첫 금요일에 예수 성심께 기도하는 것과, 매월 다섯 번째 토요일 성모 성심을 공경하는 것이 중요하다고도 했어요. 그러고는 '예수 성심과 성모 성심은 결합되어 나눌 수 없으니, 영성체를 하면 성모님과 천국의 성인들을 직접 만나는 것과 같아요. 하느님께서는 영혼들이 성체성사와 고해성사라는 선물을 가까이하는 것을 좋아하시고요.'라고 말했습니다.

견진성사의 중요성에 대해서도 알려 주고 준비할 수 있게 해 줬어요. 카를로는 견진성사를 받을 때 내면에서부터 자신을 감싸 주는 신비한 힘을 느꼈다고 했어요. 그때부터 성체 신심이 더욱 깊어졌다고도 했고요. 저도 견진성사를 받으며 비슷한 것을 느꼈답니다.

카를로를 생각하면 무엇보다 그의 순수함과 매일 미사에

충실히 참례했던 모습이 떠올라요. 카를로는 가톨릭 신앙을 자랑스러워했기에, 누구에게나 평온함과 부드러움으로 신앙의 진리를 전할 수 있었어요."

힌두교도인 사드나 푸네트 주그나 부인은 카를로를 이렇게 기억했다. "카를로는 항상 미사에 나가는 좋은 아이였어요. 자라면서도 신앙생활을 잘 유지하는 모습은 제 아이들에게도 모범이 되어 주었지요. 카를로의 장례식에서 저는 어떤 은총 같은 것을 받았습니다. 몇 년 동안 말도 나누지 않던 조카 바네사와 화해했고, 그리스도인으로 세례를 받고 싶은 열망을 느꼈어요. … 사촌 라제시는 힌두교의 사제 계급인 브라만 출신이었지만, 카를로가 교리와 성경을 알려 주고, 파티마와 루르드에 발현한 성모님의 영상을 보여 준 덕에 세례를 받았다고 제게 고백했어요. 카를로는 저와 제 아이들에게도 영상들을 보여 주었고요."

카를로를 잘 아는 사티아 쿨데오 주그나 또한 카를로의 한결같은 신앙적 삶을 생생하게 기억했다. "저는 카를로가 하느님을 절대적으로 믿었고, 성체 신심도 뛰어났다고 증언합니다. 오후가 되면 그가 어머니와 함께 성당에 가는 것을 여러 차례 보았어요. 저는 힌두교도로 브라만 계급에 속

파티마 성지 광장에서.

하지만, 카를로의 모습은 저에게도 좋은 모범이었어요. 분명 카를로는 우리의 물질적, 영적 필요를 채워 주시는 주님이신 하느님과 깊은 유대가 있었다고 확신합니다."

세벤 키스트넨의 증언은 이렇다. "저는 세례를 받기 전에 카를로를 알게 되었어요. 저의 단짝인 라제시를 만나기 위해 카를로의 집에 자주 갔었거든요. 카를로는 저에게도 가톨릭 신앙에 대해 알려 주었고, 교리도 가르쳐 주었어요. 파티마와 루르드에서 발현하신 성모님과 성체의 기적 이야기도 해 주었어요. 저는 그의 모습에 확신을 얻었고, 카를로가 저를 위해 바쳐 준 기도에 힘입어 가톨릭 신앙을 받아들여 세례를 받는 은총을 받았습니다. 저는 카를로가 어머니와 함께 매일 미사에 다녔음을, 그리고 저도 그들과 함께 종종 미사에 참례했음을 증언하고자 합니다. 저는 카를로에게서 다른 사람에게서는 볼 수 없는, 일관된 신앙인의 모습과 겸손을 보았습니다."

카를로와 성체성사

카를로 영성의 정점은 성체성사로 매일 주님을 만난 것이었다. 그에게 성체성사란 "예수님 시대에 사도들이 예루살렘 거리를 걷고 계시는 살과 뼈를 지니신 예수님을 직접 보았던 것처럼, 예수님께서 참으로 세상에 현존하시는 것"이었다. 그는 종종 성체성사를 "하늘 나라로 가는 나의 고속 도로!"라고도 했다. 카를로에게 성체성사는 영성의 핵심이며, 하느님과 우정을 맺는 그의 존재 전체의 중심이었다.

카를로가 아주 어렸을 때 그의 어머니는 흰 털로 짠 어린 양 인형을 선물했다. 그것은 그가 받은 첫 선물이었고, 카를로는 그 인형을 자주 가지고 놀면서도 잘 보살폈다. 어린

양은 마치 카를로가 앞으로 갖게 될 성체 신심을 예고하는 듯했다. 사실 그의 삶도 성체성사와 비슷했다. 앞서 언급했듯 카를로는 세상을 떠나기 전, 자신의 고통을 교황님과 그리스도와 일치한 교회를 위해 봉헌했고, 미사에 참례할 때마다 자신을 영혼들의 구원을 위한 제물로 봉헌했다.

카를로의 삶은 하나의 거룩한 미사 같았다. 부활 축제 동안 희생될 흠 없는 어린양과도 같았다. 성체성사는 그의 영성의 중심이었고, 어떤 대가를 치르더라도 가고팠던 신비로운 하늘 나라에서 매혹적으로 빛나는 태양이었다. 카를로는 종종 "성모님은 내 인생의 유일한 여성!"이라 말했고, "하루 중 가장 낭만적인 약속"인 묵주 기도를 거르는 법이 없었다.

카를로는 적어도 30분 정도 성체 조배를 하거나, 성당이나 집, 모임에서 묵주 기도를 바치면 교회가 정한 조건하에 전대사를 받는다는 것을 알고 있었다. 그래서 카를로는 종종 성당에 들러 성체 조배를 했고, 자신이 받은 전대사를 연옥 영혼 중 가장 버림받은 영혼에게 베풀곤 했다.

카를로는 이렇게 말했다. "많은 사람들이 거룩한 미사의 가치를 깊게 이해하지 못하는 것 같아요. 주님께서 성체의 형상으로 당신 자신을 우리에게 먹을 것과 마실 것으로 내어 주심이 진정한 은총임을 깨달으면, 모든 사람들이 매일 성당에 가서 성체성사의 은총에 참여하고, 필요 없는 것들을 모두 포기할 텐데 말이죠!"

첫영성체 이후 카를로는 영적 지도 신부의 허락을 받아 매일 미사에 참례했다. 이 신부는 카를로의 성체 신심을 잘 알고 있었다. 카를로는 항상 이렇게 말했다. "매일 성체를 모시면 영혼은 탁월한 방식으로 성화되어 영원한 구원을 해칠 위험한 상황에 놓이지 않을 거예요." 그는 파티마의 목동들을 본받아 성체성사 안에 현존하시는 주 예수님을 사랑하지 않는 사람들을 위한 작은 희생들을 바쳤다.

지도 신부는 카를로가 성체성사와 사제들에 대해 가졌던 큰 신심을 이렇게 기록했다.

"카를로는 사제들이 정성 들여 미사를 집전하는지 주의 깊게 보았습니다. 만약 사제들이 성체성사를 거행할 때 흐트러진 모습을 보인다면 매우 슬퍼했지요. 카를로는 '사제는 그리스도의 펼쳐진 손이에요. 마음을 모으지 않고 하느님께 대한 믿음이 드러나지 않는 전례를 기계적으로 반복해서는 안 돼요.'라고 말한 적이 있답니다.

미사 전이나 후에는 '성체성사 안에 현존하시어 사람들에게 자신을 내어 주시는 그 위대한 선물에 감사하려고요.'라고 말하며 성체 조배를 했고요. 카를로는 주일 미사에 나오지 않는 사람들을 어떻게 설득해야 할지 고민하며 저에게 조언을 청한 적도 많았어요.

란치아노에서 일어난 성체의 기적과 성체성사에 참여한 파티마의 목동들에게 발현하신 천사의 이야기를 할 때면 사람들이 빛나는 것 같다고 말하기도 했지요.

카를로에게 기회가 있을 때마다 주님의 말씀을 전하라고 격려해 줬습니다. 저는 그가 가진 사도적 열정에 매우 기뻤고, 언젠가 카를로가 사제가 되면 좋겠다는 희망을 품었어요."

카를로는 성찬례 중 성체를 축성할 때가 주님께 은총을 청하는 가장 결정적인 순간이라 확신했다. 그때가 주님이신 예수 그리스도께서 성부께 자신을 봉헌하는 시점이기 때문이다. 카를로는 이렇게 말했다. "하느님께 자신을 봉헌하는 예수님보다 우리를 위해 기도해 줄 수 있는 분이 누가 있을까요? 성체를 축성하는 동안 하느님 아버지께 당신의 외아들 예수 그리스도의 공로와 그의 거룩한 상처, 그의 거룩한 피와 예수님의 어머니이신 동정 마리아의 고통과 눈물로 하느님 아버지께 은총을 청해야 합니다. 성모님은 우리를 위해 누구보다 기도해 주시는 분이세요."

성체 축성이 끝나면 카를로는 이렇게 기도했다. "예수 성심과 티 없으신 성모님의 성심을 통해 저의 모든 청원을 드리며, 제 기도를 들어주시기를 간구합니다." 카를로는 봉쇄 수녀원의 수녀에게 얻은 짧은 기도문을 무척이나 좋아했다. 그 기도문에 예수님께서 겪으신 고통의 순간에 대한 깊은 묵상이 담겨 있기 때문이었다.

"예수님의 상처, 우리를 위한 사랑과 자비의 상처여!
거룩한 아버지께 우리에 대해 말씀해 주시고, 우리의
내적 변화를 이끌어 주소서."

카를로는 성체성사에서 예수님을 모실 때마다 이렇게 말했다. "예수님, 편히 오세요. 여기가 당신 집이에요." 종종 이렇게도 말했다. "매일 성찬례에 참여한다면 바로 천국으로 갈 수 있어요!" "예수님은 참 독특한 분이세요. 빵 한 조각에 숨어 계시거든요. 오로지 하느님만 이런 놀라운 일을 하실 수 있어요!"

카를로가 자라면서 그 안에서 성체성사에 대한 사랑도 더 깊어졌다. 어느 날 숙제 때문에 미사에 못 가게 되자, 그는 깊이 묵상하며 예수님을 마음에 모시는 신령성체를 하기도 했다.

카를로는 성체성사와 묵주 기도에 크나큰 신심을 가졌지만, 동시에 친구가 많은 활기찬 소년이었다.

그는 학교 친구들과 의심이 많은 친구들에게 의미 깊은 사도직을 수행했다. 수 세기 동안 일어났던 중요한 성체 기적 이야기들로 성체성사의 신비를 설명한 것이다. 세상을 떠나기 얼마 전 순례를 갔던 포르투갈의 산타렘 성지도 성체의 기적이 일어난 중요한 곳이었다. 누군가 성체를 훔쳐 가자 그 성체에서 피가 떨어지고 빛줄기가 뿜어져 나온 것이다. 또한 카를로는 포르투갈 발라사르에 살았던 성체성사의 신비가 복자 알렉산드리나 마리아 다 코스타에게 일어났던 놀라운 사건에 대해서도 알고 있었다.

복자 알렉산드리나는 전신 마비로 오랫동안 침대에 누워 있어야 했는데, 무려 13년 동안이나 축성된 성체만으로 연명해 왔던 것이었다. 카를로는 오랜 기간 예수님께서 복자에게 내리신 메시지를 읽고 묵상했다. 그리고 주 예수님께서 알렉산드리나에게 하신 말씀에 큰 감동을 받았다.

"나는 너를 세상에 낳았고, 너로 하여금 나만으로 살게 했다. 그 이유는 사람들에게 성체성사가 어떤 가치가 있는지 알게 하고, 성체가 바로 영혼들 속에 있는 나의 생명임을 알게 하려는 것이다. 성체는 인류의 빛이요 구원이다. 그러나 나는 완전히 잊혔다! 아니 오히려 공격당했다. 나는 성체성사 안에서 사랑받고 싶다. 성체성사야말로 모든 은총의 샘이다!"

2005년 8월, 베네딕토 16세 교황이 세계 청년 대회를 위해 독일의 쾰른을 방문했다. 카를로는 중요한 행사들을 텔레비전으로 시청했다. 토요일 저녁 기도를 위해 백만여 명의 젊은이들이 마리엔펠트 대광장에 모여 교황의 말씀을 듣고 있었고, 제대에서 황금색 성광이 빛을 뿜어내는 모습을 본 그는 큰 감동을 받았다.

교황이 성광을 쥐고 높이 들어 올린 다음 젊은이들을 바라보며 "무릎을 꿇고 침묵 중에 하느님을 찬미합시다!"라고 말하자 젊은이들은 모두 축축한 땅에 무릎을 꿇었고, 노래와 기도 소리는 침묵 속으로 사라졌다. 교황이 사랑 가득한 시선으로 성체 안에 숨어 계신 하느님을 응시했다. 교황은 로마를 방문한 중앙아프리카 주교들에게 침묵의 의미를 이렇게 설명했다. "침묵은 당신께 경배를 드리는 공동체에 현존하시는 구세주의 말씀을 들을 수 있게 합니다."

독일어 '마리엔펠트'는 '마리아의 들판'이라는 뜻이다. 8월의 그 토요일 밤, 무릎을 꿇은 젊은이들이 침묵할 때, 주님께서는 침묵 중에 말씀하셨다. 그 밤은 묵상의 밤이었고, 카를로 역시 침묵 중에 베네딕토 16세 교황과 함께 성체를 찬미하기 위해 쾰른으로 모인 전 세계의 젊은이들을 바라보았다. 카를로는 그날 밤 교황이 사제들에게 하신 말씀을 기억했다.

"여러분은 항상 새롭게 성체성사에 자신을 내어 맡기십시오. 합당한 태도로 성체성사를 집전하는 것을 매일매일의 중심으로 여기십시오. 신자들을 이 신비로 항상 새롭게 인도하십시오. 신자들이 성체성사에서 힘을 얻어, 세상에 그리스도의 평화를 가져가게 도와주십시오."

본당 신부와 영적 지도 신부는 카를로에게 사제성소가

생겨나고 있음을 깨달았다. 소년의 영혼 속에는 사도직을 향한 불꽃이 오래전부터 타올랐고, 예수님께서는 그 영혼 안에 "집에 머무시는 듯이" 계셨다. 카를로는 매일매일 세상 끝 날까지 함께 계시겠다고 약속하신 '거룩한 여행자'의 매력에 점점 사로잡혀 갔다.

게다가 카를로는 평생 연옥 영혼들을 위해 헌신했다. 그는 아시시의 포르치운콜라 성당을 좋아했는데, 그곳에서 성모님이 천사들과 발현하셨기 때문이었다.

첫영성체 날, 가족과 함께 차를 타고 페레고 수도원으로 향하던 카를로는 한 목동이 흰 양 한 마리를 데리고 길을 건너는 것을 보았다. 어린양을 좋아했던 카를로는 그 장면을 주님께서 주신 작은 선물 같은 신호로 받아들이며 행복한 미소를 지었다.

짧았던 인생의 마지막 무렵, 이 소년은 이별의 순간이 신비하게 다가옴을 느꼈다. 카를로는 어릴 때부터 매일매일 예수님과 대화를 했다. 성체를 받아 모시며 낮은 목소리로 오랫동안 대화를 할 때면, 내면 깊은 곳에서 하느님의 부르심이 점점 더 강해지는 것을 느꼈다.

성체성사는 카를로의 전 존재를 비추었고, 생의 마지막

날에도 찬란한 빛으로 그의 얼굴을 가득 채웠다. 그것은 하나의 표징이었다. 그는 이제 아버지의 신비로운 집, 예수님께서 세상을 떠나 당신 왕국으로 돌아가셔서 우리를 위해 준비하신 '장소'로 들어갈 참이었다. 그곳은 영원한 행복이 보장된 곳이다.

카를로를 아는 사람들은 모두 그가 미사에 열심히 참례했다고 증언한다. "우리는 카를로를 항상 기억할 거예요. 카를로는 어렸던 우리들과 항상 놀아 주었고, 행복하게 해 줬어요. 어머니에게 말씀드려 우리에게 장난감도 선물해 주었고요. 매년 여름이면 우리는 카를로를 애타게 기다렸어요. 항상 미사에도 참례했었지요. 우리 어머니는 카를로가 세상에 더 이상 없으니 저녁 기도를 바치면서 우리를 지켜 달라고, 그처럼 착하게 자라게 해 달라고 기도하자고 하셨어요."

"저는 카를로가 자기보다 조금 어렸던 제 딸 니콜레타와 놀던 기억이 나요. 매일 미사에 참례했던 그는 친절하고 예의 바른 소년이었지요. 더 이상 그가 세상에 없으니, 이제 그에게 우리를 도와 달라고 기도하지요."

전임 바티칸 근위대장은 카를로를 이렇게 회고했다. "그

는 참된 신앙인이었습니다. 그의 유일한 관심사는 성체성
사의 신비였고, 매일 성체성사를 고대했지요. 그가 살아 있
었다면 모범적인 사제가 되었을 것입니다."

미사에 대한 카를로의 신심을 증언하는 이는 매우 많다.
그들의 증언을 종합하면 다음과 같다.

"카를로는 매일 미사에 참례했고, 뽐내는 일 없이 엄격한
방식으로 자신의 종교적 신념을 살아 냈어요. 성체를 영할
때는 큰 정성을 들였고, 미사에 가면서도 동네 사람들에게
도움이 되고, 다른 어린이들의 모범이 되고자 했지요. 그가
미사에 참례하는 모습은 참 감동적이었어요. 그렇게 매일
미사에 참례하는 재능 있고, 독실한 소년은 흔치 않아서 때
로는 조금 당황스러울 정도였지요."

몇몇 부모들은 카를로의 신앙과 행동에 큰 인상을 받았
다고 말했다.

"저는 카를로가 매일 미사에 나갔고, 우리 어른들에게도
착하면서 부드럽게 대했음을 증언합니다. 대체로 어른들은
아이들을 좋아하지 않는데, 우리는 그의 남다른 지성과 친
절함에 반할 정도였어요."

"그는 친구들에게 관대하고 참을성도 깊었으며, 그의 깊

은 믿음은 그가 어떤 사람인지 알아보게 했어요. 매일 미사에도 참례하며 좋은 모범이 되었답니다."

"매일 미사에 참례했고, 본당 신자분과 묵주 기도를 하거나 성체 조배를 하기 위해 걸음을 멈추기도 했어요."

"카를로는 주일 미사에 절대 빠진 적이 없고, 평일 미사에도 매일 참례했어요."

"그는 착하고 교양 있으며, 언제나 동료들을 도울 준비가 되어 있는 소년이었어요. 주님을 사랑하는 진정한 그리스도인이었지요. 그는 하루라도 미사에 가지 않는 날이 없었습니다."

"카를로는 주님과 무척 가까웠어요. 그는 조부모님 집으로 휴가를 오자마자 미사에 참례했어요. 그다음에야 바다에 갔지요."

"그는 쾌활하고 밝고 너그러운 소년이었어요. 매우 신앙이 깊어 항상 미사에 참례했지요. 이 점이 사실 가장 기억에 남아요."

"저는 어머니와 저녁 미사에 참례하곤 했는데, 그를 아주 좋게 기억하고 있습니다. 그 예쁜 녀석이 제단으로 나아가 그토록 큰 사랑으로 예수님을 모셨거든요. 그는 지상의 천사였어요. 지금은 주님께서 그를 천국에 두고 싶어 하신 것 같아요. 그를 이 땅에 주셨던 주님께 감사드립니다!"

"평일 미사에 왔던 카를로를 기억해요. 그의 위대한 믿음과 사랑과 순명, 순수함을 영원히 기억할 거예요. 그토록 좋은 집안의 아이가 그토록 겸손한 모습은 전에 본 적이 없습니다."

"미사에 열심히, 매일 참여한다는 점이 바로 그가 하느님과 친밀하다는 증거예요. 저는 그 사실의 증인이고요."

"어렸을 때부터 카를로는 동네 전체가 놀랄 정도로 매일 미사에 참례했어요. 우리 동네 사람들은 모두 카를로를 애정으로 기억하지요. 저는 그가 청소년기 동안 성체 안에 계신 예수님과 함께 살기로 작정했음을 인정하지 않을 수 없습니다."

"저는 매일 미사에 참례했는데, 카를로가 아시시에 있을 때 매일 미사에서 그를 만났어요. 그는 깊은 신앙과 천사같이 부드러운 미소를 가진 소년이었지요. 카를로를 보고 있으면 그 마음의 순수함이 보이고 느껴졌어요. … 그 아이는 이 세상에 속하지 않고 다른 차원에 사는 아이처럼 보였어요. 카를로와 가까이 있으면 평화롭고 평온해졌지요. 마치 천사를 보는 것 같았어요. 그의 겸손은 경계심을 무너트리는 힘이 있었고, 선함과 자비로움이 넘쳐흘렀답니다."

"그는 하느님을 열렬히 믿는 소년이었어요. 그가 매일 기도하고 전례와 성사 생활에 참여하며 활력을 얻었던 게 기억나요."

아시시의 성 클라라에게 봉헌된 대성당의 한 수녀는 카를로에 대해 이렇게 증언했다. "저는 외부 일을 하면서 대성당에서 그를 여러 번 보았어요. 늘 미사에 참례하는 열두 세 살 소년은 그가 유일했지요."

첸톨라의 본당 신부는 카를로의 그리스도교적 삶의 특징을 이렇게 묘사했다. "카를로를 보자마자 매료됐답니다. 매일 미사에 참례하며 기도와 사랑의 삶을 사는 것은 또래 아이들에게서는 볼 수 없는 모습이지요. 지속적인 교회 생활, 신앙을 증언하는 용기, 단순함, 평온함, 기쁨 그리고 모두를 향한 다정함은 그의 삶의 뿌리가 하느님께 에너지를 얻고 있다는 것을 보여 주는 열매와도 같았습니다. '내 안에 머물러라. 나도 너희 안에 머무르겠다. 가지가 포도나무에 붙어 있지 않으면 스스로 열매를 맺을 수 없는 것처럼, 너희도 내 안에 머무르지 않으면 열매를 맺지 못한다. 나는 포도

나무요 너희는 가지다. 내 안에 머무르고 나도 그 안에 머무르는 사람은 많은 열매를 맺는다. 너희는 나 없이 아무것도 하지 못한다.'(요한 15,4-5)."

첸톨라 시장은 카를로를 이렇게 기억했다. "카를로는 정말 멋진 아이였고, 인간적이든 종교적이든 깊이가 있던 아이였습니다. 그는 항상 매일 미사에 충실했고, 다른 사람을 향한 깊은 관심으로 가득한 단순한 삶을 살았지요. 그에게는 인간애와 믿음, 사랑이 넘쳐 났답니다."

첸톨라 출신의 한 저명한 신학자는 이렇게 썼다. "그는 자신 주변에 종교적인 분위기를 조성했고, 매일 성찬 전례에 각별히 참여했습니다. 이처럼 순수한 어린아이와의 만남은 기쁨과 거룩함에 대한 감각을 주었습니다. '어리석은 자의 눈에는 그가 죽은 것처럼 보이지만, 하느님께서는 그가 스스로 무르익었다고 여기셨습니다.'(지혜 3,1-9 참조)."

카를로와 성체 조배

하루 중 미사를 가장 중요하게 여긴 카를로는 성체 조배를 위해 성당을 자주 찾았다. 카를로는 종종 그리스도의 신비에 관한 묵상을 적곤 했다.

> 주 예수님께서는 열다섯 살밖에 되지 않았던 가난한 소녀를 당신의 어머니로, 가난한 목수를 육신의 아버지로 선택하시어 인간이 되셨습니다. 예수님께서 태어나셨을 때 그분을 어디에 모셔야 할지 모르는 사람들의 문전박대를 당했지만, 마침내 누군가 마구간을 찾아왔습니다. 잘 생각해 보면 베들레헴의 마구간은 분명 오늘날의 수많은 집보다 확실히 더 나을 것입니다. 오늘날의 많은 집에는 주님을 여전히 거부하고 심지어 모욕하기까지 하는, 주님을 모시기에 합당치 않은 사람들이 있으니까요. 가난한 열다섯 살 소녀와 가난한 목수가 하느님의 부모님이 되셨습니다. 하느님께서는 부유함이 아닌 가난을 선택하신 것입니다. 이것은 정말 놀라운 사실입니다!

카를로가 지극히 거룩하신 성체 앞에서 할 수 있는 가장 아름다운 것은 바로 묵상이었다. 그에게 성체는 "팔레스티나 지역에서 사셨던 바로 그때의 우리 주 예수 그리스도의 살과 피의 참된 현존"이었다.

또 다른 글에서 성체 앞에서 드리는 기도를 카를로가 얼마나 중요하게 여겼는지 드러난다.

예수 그리스도께서는 우리가 조상에게서 물려받은 원죄와 우리 모두가 어떻게든 매일 저지르는 죄에서, 심지어 한계가 있는 우리가 무의식적으로 저지르는 죄에서까지 우리를 구원하시려 육화하셨습니다. 성체는 우리가 유혹에 빠지지 않게 하기 위한 천상 양식이 분명합니다. 우리가 주님의 기도를 바칠 때 "오늘 저희에게 일용할 양식을 주시고 … 저희를 유혹에 빠지지 않게 하시고"라고 기도합니다. 여기서 예수님의 마음을 헤아리자면 "오늘 저희에게 일용할 성체를"이라 말씀하시는 것 같습니다.

카를로의 아버지가 친한 신부님 몇 명과 예루살렘 성지 순례를 계획하고 함께 가자고 제안하자 카를로는 이렇게 대답했다. "저는 밀라노에 머무는 게 좋겠어요. 여기 성당들에는 감실이 있고, 어느 때든 예수님을 만나러 갈 수 있으니까요. 그래서 예루살렘까지 갈 필요가 없어요. … 예수님께서 영원히 우리와 함께 머무신다면, 축성된 성체가 있으니 굳이 2,000년 전 예수님께서 사셨던 예루살렘에 순례를 갈 필요가 있을까요? 성당의 감실에도 성지 순례를 갈 때와 똑같은 마음으로 가야 하지 않을까요?" 카를로의 대답에 아버지는 그가 성체성사에 대해 얼마나 큰 신심을 가졌는지 알고 매우 감동을 받았다.

아래는 카를로가 성체 조배를 하는 모습을 보았던 사람들의 증언이다.

"카를로가 미사 중에 기도에 몰두하거나, 성체 조배를 하거나, 묵주 기도를 바치는 모습을 여러 차례 보았어요."

"그는 매일 미사에 참례했고, 종종 어머니와 함께 작은 성당에 가서 성체 조배를 했어요."

"카를로는 기회가 있을 때마다 자주 성체 조배를 하러 갔어요. 저도 여러 번 그를 따라 라 베르나, 아시시, 그리고 산타 마르게리타 리구레까지 가곤 했었지요. 산타 마르게리타 리구레는 친할아버지가 사시는 곳인데, 그는 그곳에서 방학 중 많은 시간을 보냈어요."

카를로의 영적 지도 신부는 카를로가 얼마나 성체를 사

산타 마르게리타 리구레의 조부모님 집 테라스에서.

랑했는지 이렇게 기록했다.

"카를로는 일주일에 여러 차례 성체 조배를 했고, 성체 조배를 통해 얼마나 많은 영적 진보가 있었는지 만날 때마다 저에게 이야기해 주었습니다. 카를로는 세상을 떠나기 직전에 볼로냐에 있는 제 집으로 찾아왔습니다. 그는 성체 조배를 통해 매우 긍정적인 결과를 얻었다고 말했습니다. 성체 조배 중에 분심이 드는 것을 마침내 막아 냈고, 그 덕분에 주님에 대한 사랑이 매우 커졌다고 저에게 설명해 주었습니다."

카를로와 고해성사

복음적 가치를 따르는 삶을 살기 위해, 카를로는 규칙적으로 열심히 성사의 은총을 얻고자 했다. 특히 지속적이고 적극적으로 성령의 인도에 협력할 때, 그리스도와 친밀한 우정 관계를 유지할 수 있음을 잘 알고 있었다. 이를 위해 그는 열심히 기도하고 거룩함으로 나아가려 애쓰면서 매주 고해성사를 보았다. 폭식과 수업 중 떠들기, 묵주 기도 중에 드는 분심과 같은 조그마한 소죄도 영적 진보를 위해 고백했다.

그의 본당 신부 마리오 페레고는 영광스럽게도 카를로의 고백을 들은 사제 중 한 명이었다. 카를로와 자주 만나면서 그는 카를로의 영혼에 어떤 자극과 변화들이 있는지 알게 되었고, 카를로가 어떤 사람인지 알게 하는 증언을 남겼다.

"카를로는 솔직하기 이를 데 없는 맑은 소년이었어요. 모든 면에서 성장하고 싶어 했지요. 마을 사람들과 적극적으로 만나고, 평일 미사에도 적극 참여하면서 부모님을 사랑하고, 부모님과 함께 주님을 사랑하고자 했어요. 동료나 친구들과의 우정을 돈독하게 하고자 했고, 종교뿐 아니라 학문, 컴퓨터, 문화 등에서 다양한 지식을 얻고 심화하기 위해 진지한 노력을 기울였지요.

그는 주님께 감사드리며 영적 진보에 박차를 가하기 위해, 주님의 목소리를 듣는 기쁨을 주는 고해성사에 매주 다가갔습니다. 하느님 나라로 갑작스럽게 부름을 받은 카를로의 기억이 너무도 생생하여, 성령께서 식별에 구체적인 도움을 주시는 것처럼 그를 가깝게 느낍니다."

카를로의 영적 지도 신부는 그가 고해성사를 얼마나 중요하게 생각했는지를 증언했다. "카를로는 매달 볼로냐에 있는 저를 찾아왔어요. 카를로는 어린 나이였지만, 대화의 마지막에는 고해성사를 청했지요. 그는 자신에게 매우 엄격한 기준을 적용해, 아주 사소한 죄도 고백했습니다."

카를로는 고해성사를 자주 보는 것을 무척 중요하게 생각했다. 아주 조그만 죄라도 영적 진보를 이루는 데 걸림돌이 됨을 잘 알고 있었기에 그는 자주 이렇게 말했다. "마치 풍선에 달린 실을 손으로 잡아 날아가지 못하게 하듯, 아주 작은 죄도 우리를 땅에 매어 둡니다."

그는 신앙의 진리를 설명하고 이해시키기 위해 은유법을 자주 사용했다. 특별히 인간의 타락과 죄를 치유하는 고해성사의 필요성을 이해시키기 위해 열기구를 이용하여 설명하곤 했다. "열기구가 높이 올라가려면 무게를 줄여야 해요. 영혼도 천국에 올라가려면 소죄라고 하더라도 내려놓아야 하지요. 만일 그 죄가 대죄라면 영혼은 땅으로 추락하는데, 고해성사는 열기구를 다시 오르게 하는 불과 같은 역할을 해요. 영혼은 매우 복합적이기 때문에 자주 고해성사를 보아야 해요."

카를로에게 고해성사는 일종의 정화, 즉 하느님과의 새로운 관계 정립을 위하여 죄에서 정화됨을 뜻했다.

카를로는 많은 책들 중에 특히 성인에 관한 글에서 큰 영향을 받았다. 특히 그는 성 요한 보스코와 아시시의 성 프란치스코의 전기에서 읽은 두 가지 이야기에 관심을 가졌다. 고해성사 없이 하느님 앞에 섰을 때 겪게 되는 중대한 위험과 대죄 중에 죽었을 때 겪는 위험에 대한 이야기였다. 첫 번째 이야기는 성 요한 보스코와 열다섯 살 소년의 기적에 관한 이야기이다.

> 성인이 토리노에 세운 오라토리오에 병으로 죽음을 앞두고 있던 카를로라는 소년이 있었습니다. 그는 마

지막 고해성사를 성인에게 하고 싶어 했습니다. 그러나 외출 중이던 성인이 돌아오지 않자, 다른 신부님이 소년의 임종을 지켜보았습니다.

몇 시간 후 외출에서 돌아온 성인이 자초지종을 들은 후 이렇게 말했습니다. "당신들은 카를로가 죽었다고 생각하지만, 잠시 잠들었을 뿐입니다." 그러고는 카를로의 방으로 가 간절히 기도하며 침대보에 싸여 누워 있던 소년을 축복하고 두 번 불렀습니다. "카를로, 카를로야, 일어나렴!"

그러자 카를로는 마치 잠에서 깬 듯 일어나 성인을 알아보고 말했습니다. "하느님께서 이제야 신부님을 보내 주셨군요! 무서운 꿈을 꾸고 있었는데, 깨워 주셔서 감사해요. 지난번 고해성사에서 한 가지 죄를 숨겼는데, 그것 때문에 지옥 불로 떨어지게 되었어요. 하지만 한 여인이 불길 속으로 떨어지는 저를 막아 주었고, 그러고 나서 신부님께서 저를 깨워 주셨어요."

소년은 성인에게 고해성사를 보았고, 성인은 사죄경을 외며 이렇게 말했습니다. "너는 이제 하느님의 은총을 받았단다. 천국이 네게 열려 있어. 우리와 함께 있고 싶니? 아니면 천국으로 가고 싶니?" 소년이 천국으로 가고 싶다고 하자 성인은 "우리 천국에서 만나자."라고 인사를 했다. 소년은 베개에 머리를 떨구고 다시 주님 안에서 잠들었습니다.¹

카를로는 프란치스코 수도회의 사료인 바뇨레조의 성 보나벤투라가 쓴 『대전기』의 1263항을 읽으며 성 요한 보스코의 이야기와 비슷하지만, 아시시의 성 프란치스코에 관한 이야기도 발견했다.

베네벤토 인근 몬테 마라노 마을에서 성 프란치스코에 대한 신심이 깊었던 여인이 죽었습니다. 저녁이 되자 성직자들이 장례식에 와서 시편 기도를 읽으며 미리 철야 기도를 바치려고 하는데, 갑자기 사람들이 다 보는 앞에서 그 여인이 일어나 침대에 앉더니 그녀의 대부였던 사제 한 명을 불러 말했습니다. "신부님, 고해성사를 보고 싶습니다. 제 죄를 들어 주세요. 제가 죽었을 때 저는 끔찍한 감옥에 던져져야만 했습니다. 사실 제가 고백해야 할 죄를 지난번 고해성사에서 말하지 않았거든요. 그러나 제가 일생 공경했던 성 프란치스코께서 저를 위해 기도해 주셔서 이렇게 살아 있는 몸으로 돌아와 죄를 고백하고 영원한 생명을 얻을 기회를 받았습니다. 저는 고백을 마치고 곧바로 약속된 평화의 나라로 서둘러 갈 것입니다." 그녀는 부들부들 떨면서 사제에게 고백을 했고, 사죄를 받았습니다. 그녀는 이후 침대에 평화로이 누워 주님 안에서 행복하게 다시 잠들었습니다.

이 두 이야기는 예수님의 가르침에 따라 일관되게 살지 못하는 사람들에게 교리 교육을 할 때 카를로가 자주 인용했던 내용이다. 그는 대죄 중에 죽으면 얼마나 위험한지 모르는 사람들이 너무도 많다고 여기고 자주 이렇게 말했다. "사람들이 하느님의 계명을 어기면서 맞이하게 될 위험을 깨닫는다면, 큰 죄를 짓지 않도록 더욱 주의를 기울일 거예요. 또 이미 받은 세례에 어울리지 않는 삶을 사는 형제들을 훈계하기 위해 더 노력할 것입니다."

우리는 청소년 카를로에게서 존경심과 진정한 감탄을 자

아내는 영적 성숙함을 보았다. 카를로는 진실을 말하고 위험을 경고하는 데 그치지 않고, 길에서 만나는 모든 형제들의 유익을 위해 직접 행동하고 기도하며 그들을 위해 청원했다.

봉쇄 수도원 수녀님들

카를로는 봉쇄 수도원 수녀들의 영성과 생활 방식, 주님을 위한 끊임없는 봉헌, 예언자적 삶에 깊은 인상을 받았다. 수도자들은 그리스도께서 마지막으로 오실 때 비로소 완성될 하느님 나라를 이 세상에 투영하는 삶을 산다. 그곳에서는 모든 영혼이 부활해 지상 생활 때의 육신을 되찾게 된다. 카를로는 스펠로와 페레고에 있는 수녀원을 좋아해 자주 찾았다. 페레고의 수녀원은 카를로가 첫영성체를 했던 곳이었다.

페레고의 네무스에 위치한 성 암브로시오회의 봉쇄 수녀들은 카를로에게 '수호천사'와 같았다. 수도자들은 항상 카를로를 기억하며 기도했다. 카를로는 수녀들을 무척이나 좋아했는데, 아직 나이가 차지 않았는데도 수녀원에서 첫

영성체를 할 수 있게 허락했기 때문이었다.

카를로는 수녀원을 방문해 수도자들을 만나면서 그들과 사랑과 존경의 관계를 맺었고, 그들을 위한 끊임없는 기도를 약속했다. 카를로는 그들의 기도가 자신을 엇나가지 않게, 즉 보통의 젊은이들이 저지르는 성적인 문제나 건강을 망가뜨리는 약물, 술 등의 악습으로부터 지켜 주었다고 믿었다.

카를로는 자녀를 위해 부모가 하느님께 기도하면, 자녀들이 가치관과 영혼을 잃거나 헤매지 않고 잘 커 나간다고 확신했다. 카를로는 부모와 자녀가 함께 기도해야 신앙이 자녀들에게로 이어진다고 생각하며 이렇게 말했다. "어느 날 하느님께로 가는 길을 잃어버리는 일이 생기더라도 주님께서는 언젠가 가족이 함께 바친 기도들을 기억하셔서 그들을 다시 양 떼 속으로 인도해 주실 거예요."

성 카를로 보로메오, 성 요한 보스코 그리고 성 비오 10세 교황은 젊은이들이 어릴 때부터 영성체와 가까워야 한다고 주장했다. 사실 이 성인들은 성체성사와 기도에서 떨어진 삶을 살았을 때 따르는 위험을 잘 알고 있었다.

카를로는 세상의 것들을 완전히 포기한 봉쇄 수녀원의

삶에 큰 감동을 받았다. 그들은 하루에 여러 시간 동안 교회의 공적 기도인 성무일도를 낭송한다. 교회에서 공적으로 사용하는 성무일도서에는 시편들이 들어 있는데, 베네딕토회와 카르투시오회 같은 수도회에는 일주일 동안 성경의 시편 150편을 모두 읽는 고유 전례가 있다.

성무일도를 바치는 일은 매우 중요하다. 과거 성 요한 보스코가 젊은이들의 데이트 장소에서 시편을 낭송해 많은 개종자를 얻었음을 기억해 보자. 그곳에 있던 젊은 여성들 중 상당수는 세속적 삶을 버리고 청소년들을 위한 성 요한 보스코의 위대한 사업에 헌신하기도 했다.

성무일도를 바친 수녀들은 매일 외부에서 오는 사제가 주례하는 미사에 참례한다. 외부의 재정 지원이 거의 없기 때문에 자급자족을 위한 육체노동을 하기도 한다. 그들의 생계는 기도를 청하러 온 신자들의 봉헌으로만 충당된다.

수녀원의 하루는 육체노동과 기도라는 상호 보완적 요소로 이루어진다. 많은 봉쇄 수도원에서는 적어도 하루에 한 시간의 성체 조배를 한다. 성체 안에 현존하시는 주님을 향한 수도자들의 봉헌을, 베일 아랫부분을 원형으로 잘라 제병 모양을 연상케 하는 아시시의 성 클라라회의 수도복에서

엿볼 수 있다. 한 수녀는 카를로에게 이렇게 설명했다. "클라라회 수녀들은 다른 사람들을 위해 자신을 바치고 많은 이들의 구원을 위해 자신을 희생하는 '살아 있는 제병'처럼 살아야 한답니다."

봉쇄 수도원 외에도 카를로에게 영적 영향을 준 수도원은 프랑스의 신생 수도회였다. 탁발 수도회에 속하는 이곳의 영성은 성 도미니코와 성 프란치스코의 정신을 따라 가난하고 십자가에 달리신 예수님을 본받는 데 있다. 이곳의 수녀들은 잃어버린 양을 찾아 나서며, 집집이 들러 일용할 빵을 탁발하며 다닌다. 십자가에 달리신 그리스도의 신비에 대한 체험과 묵상은 그들 삶의 핵심인 성찬 전례와 성무일도, 성체 조배를 통해 얻는다.

카를로는 아시시에서 그 수녀들을 만났다. 그들이 카를로의 집에 와서 먹을 것을 청하였기 때문이다. 카를로는 기쁘게 그들을 맞이해 점심 식사에 초대했고, 친밀한 관계를 맺었다. 하루에 2시간씩 성체 조배를 하는 그들처럼, 카를로도 사랑에 빠진 것처럼 성체 앞에 멈춰서 예수님과 친밀한 대화를 나누는 것을 즐겼다. 그는 "더 오랜 시간 성체 조배를 하고 싶은데" 그럴 시간이 부족했던 것을 유감스러워하였다.

카를로를 만난 봉쇄 수녀원의 몇몇 수녀들은 그를 생각하는 감동적인 편지를 보내 왔다. "하느님과 이웃을 위해 자신을 내어놓고, 인류의 죄를 기워 갚기 위해 자신을 희생하는 이 수도자들의 기도에 자신을 맡긴 카를로의 모범을 봉헌 생활의 가치를 모르는 사람들이 본받기를 바랍니다."

성 암브로시오회 수녀들은 카를로가 일곱 살에 했던 첫 영성체에 대해 매우 행복해했다. 카를로는 나이가 아직 차지 않았기에, 바오로 6세 교황의 비서를 역임했던 마키 대주교의 특별 관면을 받고 첫영성체를 할 수 있었다. 그날의 기억을 원장 수녀는 이렇게 묘사했다.

"성체 성혈 대축일 다음 화요일인 1998년 6월 16일, 카를로가 수도원 성당 제대에서 홀로 첫 번째 영성체를 했답니다. 우리 공동체는 마치 천국으로 날아오른 것처럼 그날을 생생하게 기억하지요. 그는 성체를 모실 수 있는 나이가 아니었지만, 영성체 시간이 다가오자 점점 '초조해'했어요. 무언가를 생각하는 듯 머리를 손으로 움켜쥐더니 더 이상 가만히 있을 수 없다는 듯 움직이기 시작했지요. 그만이 알고 있는 무슨 일이 일어난 것처럼 보였어요. 마치 담아내지 못할 엄청난 존재가 그의 안에 들어간 느낌이었답니다."

원장 수녀는 동료들이 받았던 인상을 기억해 내며 계속 증언했다. "제단과 가장 가까이 있던 수녀들은 얇은 격자무늬 커튼 너머로 감정이 전해져 그를 바라보았어요. 카를로가 오랫동안 기다려 온 소원이 이루어졌음을 알 수 있었답니다. 우리 모두의 기억에 남은 날이었어요. 저는 카를로가 신체적으로 균형 있게 자란 것도 놀라웠지만, 선명한 눈빛, 빛나는 미소, 그리고 그의 잘생긴 얼굴에서 읽을 수 있는 평화로운 느낌이 더 놀라웠어요. 그는 세련되지는 않았지만 품위 있었고, 표현이 단순했지만 자유로웠으며, 항상 예의 바른 아이였어요. 그는 부모님께 말할 때도 다정과 존경의 태도로 임했답니다. 감히 말씀드리자면 요즘 아이는 아닌 것 같았지요!

인상적인 것은 카를로는 첫영성체 이후에도 계속해서 세상을 떠나기 전까지 자신을 위해 기도해 달라고 항상 부탁했다는 것이었어요. 그 부탁에는 우리와 같은 시대에 속한 젊은이이자 학생으로서 주님께서 자신의 삶에 대해 갖고 계셨던 계획이 실현되기를 바라는 느낌이 들었답니다."

원장 수녀는 카를로가 견진성사를 받을 때 느낀 행복에 대해서도 이야기했다. "2003년 5월 24일, 카를로의 어머니가 전화를 걸어 카를로가 견진성사를 준비 중이라고 알려 줬어요. 수도원 공동체는 기도와 애정을 담아 그의 그리스도교 인생 두 번째로 중요한 순간을 영적으로 동반했지요. 다음 날인 25일에 놀랍게도 카를로가 '성령으로 충만해져서' 부모님과 함께 수도원을 방문했어요. 그때 저는 카를로의 위대한 얼굴에 비치는 성령의 기쁨을 볼 수 있었어요. '위대한'이라는 표현을 쓸 수밖에 없을 정도로 천사의 얼굴 같았답니다.

그 후, 몇 년 동안 면회실에서 그를 몇 차례 만나면서 참으로 순수한 마음으로 자신의 청소년기를 충만히 살고 있다는 느낌이 들어 정말 놀랐습니다. 카를로와 부모님은 우리 수도원에서 제일 인기 있는 사람들이 되었고, 우리들이 먼저 기도하고 기억하는 사람들이 되었답니다. 그래서 카를로의 아버지에게 걸려 온 전화가 저뿐만 아니라 공동체 모두에게 더더욱 고통스러웠지요. 2006년 10월 8일 주일 저녁, 그의 아버지는 갑자기 찾아온 병에 카를로의 생명이 위태롭다고 했어요. 그때 제 머리에 스쳐 간 성경 구절이 있었습니다. '짧은 생애 동안 완성에 다다른 그는 오랜 세월을 채운 셈이다. 주님께서는 그 영혼이 마음에 들어 그를 악의 한가운데에서 서둘러 데려가셨다.'(지혜 4,13-14 참조)."

카를로와 무척 가까웠던 한 수녀는 카를로의 부모에게 편지를 썼다.

"카를로를 알게 된 것을 행운이라 생각해요. 그가 저와 동료 수녀님들의 영혼에 남겨 준 지울 수 없는 기억을 진실하고 겸손하게 이야기하려 합니다. 카를로 가족이 청하는 기도는 항상 교회적이었어요. 정말 대단한 가족이었지요. 그들의 마음속에는 교황님, 사제들, 영혼 구원, 만인을 향한 복음 선포와 예수님을 알게 하는 생각들로 가득했답니다. 이러한 생각들은 온 세상에 가톨릭 교리를 전하고, 가난한 사람들에게 복음을 전하는 삶을 살게 한답니다.

저는 카를로에 대해 정말 감동적인 추억이 있어요. 그는 매우 교양 있고 미소가 밝았으며 개방적이고 소통하는 태도를 지녔어요. 성체 안에 계신 예수님을 열렬히 사랑했고, 깊으면서도 맑은 신앙을 지녔지요. 매일 묵주 기도를 바치며 동정 성모님의 자녀다운 신심을 키웠답니다. 카를로는 우리 수도원에서 매일 성체 조배를 한다는 것을 기뻐했고, 우리에게 자신의 마음속 소중한 사람들인 병자, 친구, 죄인들을 기도 중에 기억해 달라고 청했어요. 그는 악의 세력이 커져 가고, 친구들 사이에도 악이 자리 잡는 것을 느끼며 고통스러워했었지요. … 언젠가 그가 사촌 동생을 설득해 수도원에 함께 찾아왔어요. 그는 봉쇄 수도원에 사는 우리들이 사촌 동생을 위해 해 줄 기도와 영적 조언이 사촌 동생을 예수님께 더 가까이 데려가 줄 것이라 확신했지요. 견진성사 후 카를로는 더욱 영적으로 보였답니다. 맑은 눈을 통해 그의 순수한 영혼이 빛나는 것 같았어요. 마치 또 다른 성 도미니코 사비오처럼요!

그의 일상과 학업 역시 예수님을 향했어요. 카를로가 2005년 6월 2일 우리에게 보낸 편지에서 자신이 예수님께 어떻게 기도했는지를 알려 주었지요. '수녀님들의 기도에 매우 감사드려요. 정말 큰 도움이 되었답니다. 필기시험에 집중할 수 있었고, 구술시험도 차분히 볼 수 있었어요. 덕분에 우수한 성적을 받았답니다. 다시 한번 큰 사랑을 담아 감사드려요!'

예수님께서 카를로를 부르시기 두 달 전, 카를로가 수도원을 마지막으로 방문했을 때였어요. 우리는 영적 은혜를 얻기 위해 드리는 작은 희생이 주님께 얼마나 기쁘게 받아들여지는지에 대하여 이야기를 나누었지요. 그는 확신에 차서 이렇게 이야기했습니다. '루이지나 수녀님! 제가 게을러지지 않게 기도해 주세요!' 저는 그에게 존경심을 느꼈어요. 그토록 깊은 완덕을 갈망하는 젊은이를 만나기란 쉽지 않으니까요. 그의 부모님이 그가 불치의 병에 걸린 사실을 이야기해 주었을 때, 우리는 예수님께서 너무도 아름답고 소중한 꽃송이를 세상의 혼란에 내버려두어 다치게 할 수 없으셨기에, 천국의 화단에 옮겨 심으셨다는 느낌이 들었습니다.

　카를로가 하느님 아버지의 집으로 떠난 후, 그가 더 가까이 느껴졌고, 그가 세상을 떠나기 전에 제게 청했던 영적 도움을 이제는 그에게 청하기 시작했어요. 원장 수녀님과 동료 수녀님들과 함께 우리 수녀원 공동체에 기도를 청하는 모든 사람을 카를로에게 맡긴 것이지요. 카를로는 이웃의 선익과 그에게 전구를 청하는 모든 사람들을 위해 '헌신과 사랑의 사명'을 계속할 거라고 확신해요."

카를로와 천사들

수호천사 신심이 매우 깊었던 카를로는 어릴 적부터 매일 수호천사에게 기도하면서 도움을 받는 체험을 했다. 우리도 천사들의 중요성을 발견해야 한다. 카를로가 하느님의 천사들과 친밀한 관계를 맺게 된 것은 다섯 살 무렵 어머니가 읽어 준 젬마 갈가니(1878-1903년) 성인전 덕분이었다.

카를로는 수호천사에 대한 특별한 신심을 지녔던 성 젬마 갈가니와 피에트렐치나의 성 비오 신부(1887-1968년)에게 깊은 인상을 받았다. 이 성인들에게 얻은 경험으로 카를로는 수호천사에게 도움을 청하는 법을 알게 되었고, 자신의 두 가지 단점인 식탐과 게으름의 극복을 청했다.

카를로는 수호천사의 영감으로 자신이 비오 신부의 이야기를 읽을 수 있었고, 게으름을 극복할 도움을 얻었다고 말했다. 사실 카를로가 비오 신부의 전기를 읽은 것은 우연이었다. 그가 읽은 부분은 지독히 게을러 연옥에 떨어진 사람들의 영혼을 도운 비오 신부의 이야기였다.

1921년에서 1922년으로 가는 어느 추운 저녁에 수도자들은 식당에서 저녁 식사를 하고 있었다. 반면 비오 신부는 성가대 자리에서 열심히 기도하고 있었다. 그 당시 그는 장상의 허락을 받아 저녁을 먹으러 식당으로 가지 않고, 형제들과 함께 벽난로가 있는 방에 모였다. 겨울에는 벽난로에 불을 피웠는데, 그 방을 '공동 모닥불' 방이라 불렀다.

그 당시 산 죠반니 로톤도 마을은 수도원뿐 아니라 어느 집에도 난방 시설이란 없었다. 벽난로가 있는 장소는 겨울의 특정 시간에 오늘날의 거실 역할을 하는 장소였다. 불이 피워지는 시간을 제외한 다른 모든 시간과 겨울을 제외한 다른 모든 계절에 그 방은 쓸모없는 물건이나 자주 사용하지 않는 공구를 보관하는 창고로 전락했다.

아무튼 겨울 동안 수도자들은 저녁을 먹은 다음 '공동 모닥불' 방으로 가서 몸을 녹였고, 원하는 사람은 나중에 조그만 불씨를 모아 작은 손난로에 넣어 자기 방으로 가져갈 수 있었다. 비오 신부도 역시 저녁 식사 후 성당에서 기도하는 것을 마치고 1층 식당 입구 바로 앞에 있는 '공동 모닥불' 방으로 내려가곤 했다.

그날 저녁 그가 성당 자리에서 일어나자, 당시에는 '소제대'라고 부르던 성당 측면 제대에서 삐걱거리는 듯한 이상한 소리가 들렸다. 그는 귀를 쫑긋 세웠지만 그다지 신경 쓰지는 않았다. 그러자 곧이어 중앙 제대 쪽에서 촛대가 쓰러질 때 나는 것과 비슷한 큰 소리를 들었다. 처음에는 어떤 부주의한 신학생이 무슨 이유인지 모르겠지만 성당에 가서 물건을 부수고 있다 생각했다. 그래서 그는 성가대석 나무 난간으로 다가가 무슨 일인지 확인하려 했다. 그러나 제대 위에는 신학생 대신 한 젊은 수사가 꼼짝 않은 채 독서대 편에 있는 것을 보았다(비오 신부는 이 사실을 이야기하면서 '독서대 편에'라는 표현을 썼다. 독서대 편이라는 표현의 뜻은 성당 쪽에서 바라보았을 때 제대의 오른쪽에 위치한 곳인데, 그곳에서는 한때 서간을 낭독했다.).

"거기서 뭘 하고 있소?" 비오 신부가 권위 있는 목소리로 물었다. 아무런 응답이 없자, 비오 신부는 반쯤 꾸짖는 어조로 제대 위 젊은 수사를 향해 말했다. "당신은 집안일을 참으로 잘도 하네요! 있는 것들을 정리하지는 못할망정, 초와 촛대를 부수고 있다니!"

'집안일'이란 수도원 용어로, 오늘날에도 수도원과 성당을 청소하는 일을 말하며, 대체로 수도원 부속 신학교가 있는 경우 이런 일들은 신학생들에게 맡겨졌다. 젊은 수사가 아무 말도 하지 않고 꼼짝도 않자 비오 신부는 더욱 단호하게 소리쳤다. "당신! 뭘 하고 있소?!"

그러자 그 불쌍한 수사가 답했다. "저는 수사인데, 이름이 …." 그 머뭇거리는 답변에 비오 신부는 호기심 반 놀라움 반의 굳은 어조로 "그럼 이 시간에 여기서 뭘 하고 있소?"라고 물었다. 그러자 그 불쌍한 수사가 답했다. "저는 여기서 제 연옥 체험을 하고 있습니다. 저는 이곳 수도원의 신학생으로 지냈는데, 이 성당에 머무는 동안 게으름 때문에 제 의무를 성실하게 수행하지 못한 죄를 이제 되갚아야 합니다!"

비오 신부는 무슨 일이 일어났는지 알자마자 어떻게 이 사건을 처리해야 할지 생각하면서, 형제들이 모여 있는 곳에 가기로 마음먹었다. 그리고 그 젊은 수사의 처지를 이해하면서 아버지의 마음으로 부드럽게 그 수사에게 말했다. "자 들어 보시오! 내가 내일 당신을 위해 미사 한 대를 봉헌하려고 합니다. 그러나 더 이상 여기 오지 마시오!"

비오 신부는 약간 상기된 채 성가대석을 떠나 동료 수사들이 모여 있는 '공동 모닥불' 방으로 갔다. 동료 수사들은 비오 신부가 약간 상기된 상태임을 눈치채고, 무슨 일이 있었는지 물었다. 비오 신부는 그들의 질문과 눈길을 피해, 추워서 그렇다고 답했다. 10분가량 지난 후, 비오 신부는 그곳에 있던 한 젊은 신사에게 물었다. 그 신사의 이름은 쥬세페 데 로시였는데, 1926년 책도 한 권 출간했다. "당신이 성당에 있었소?"

사실 이 질문이 그럴듯하기도 했던 게, 그 젊은 신사는 매일 저녁 감실 앞에 놓인 램프의 심지를 교체하러 성당에 갔기 때문이었다. 성당 열쇠를 갖고 있던 그 신사는 자신은 좀 더 늦은 시간에 성당에 간다고 답했다.

비오 신부는 미소를 지으며 그에게 이야기했다. "성당에서 누군가를 만나면 조심하세요. 가서 보세요. 바닥에 초 몇 자루가 떨어져 있을 겁니다." 이 말에 그 신사는 램프를 들고 다른 수사와 함께 성당으로 갔다. 그러나 초는 제자리에 가지런히 있었다. 그들은 돌아와서 비오 신부에게 성당에 가 보니 특별히 그들의 주의를 끌 만한 일들이 일어나지 않았노라고 말했다. 그러자 비오 신부는 단호하게 말했다. "말도 안 됩니다. 가서 함께 봅시다."

그들 모두는 성당을 향했고, 일행이 성당에 도착하자마자 비오 신부는 그들에게 고개를 들어 제대 쪽을 보라고 말했다. 그리고 젊은 신사에게 의자에 앉아 감실 위를 살펴보라고 말했다. 초는 벽에 나란히 세워져 있었는데, 손을 탄 흔적은 없었다. 또 그 초는 성모님 그림과 감실 사이에 위치해 있는데 자연적으로 떨어질 수 없는 위치에 있었다. 그들 모두는 '공동 모닥불' 방으로 돌아왔고, 동시에 무슨 일이 일어났는지 알고 싶어 했다. 비오 신부는 미소를 지으며 그가 목격한 사건을 이야기해 주었다. 아울러 자신이 젊은 수사와 나누었던 대화의 마지막 장면을 덧붙였다.

"당신 대체 무엇을 하고 있는 것이오?"라고 비오 신부가 묻자, 그 수사는 "저는 제 인생에서 소홀히 했던 제대를 치우러 갑니다."라고 말했다.

그러자 비오 신부는 "다른 것을 수리하시오! 당신은 모든 것을 망치고 있는 것처럼 보이오!" 비오 신부는 이후로 이 일에 대해 이야기하며, 다음과 같은 소견으로 결론지었다. "게으름 때문에 자신의 의무를 소홀히 한 그 수사는 죽은 지 60년이 지나서도 연옥에 있었습니다! 상상해 보십시오. 더 심각한 죄를 짓는 사람들이 연옥에서 얼마나 오랫동안 또 얼마나 지루하게 지내야 할지를요."

이후 몇 차례의 조사 후, 1866년 통일 이탈리아 정부가 수도회를 폐쇄하기 전에 그 수사가 산 죠반니 로톤도 수도원에서 살았다는 사실이 밝혀졌다.[2]

카를로는 할머니, 어머니와 함께 이탈리아 전역을 돌며 이탈리아가 자랑하는 아름다운 문화유산을 관람하곤 했다. 카를로가 일곱 살이던 1998년에 성 젬마 갈가니가 살았던 루카를 방문했다. 그들은 먼저 성인에게 봉헌된 성지에 갔는데, 그곳에는 성인의 유해가 보관되어 있었다. 이후 쟌니니의 집으로 갔는데, 그곳은 성 젬마가 부모님이 돌아가신

후 청소년기의 대부분을 보냈던 곳이었다.

카를로는 그들을 인도하는 한 수녀에게서 성 젬마와 수호천사 사이에 맺어진 관계에 관한 이야기를 듣고 매우 놀라워했다. 예를 들어 성 젬마가 가끔씩 미사에 집중하지 못하고 오히려 선물로 받은 금시계와 같은 세상 것들에 너무 집착하면 수호천사가 꾸짖었다고 한다. 그 수녀가 특별히 허락한 덕분에, 카를로는 성 젬마가 자주 앉았던 의자에도 직접 앉아 볼 수 있었다. 아마도 그 수녀 역시 카를로가 던지는 질문이나 그의 상냥한 모습, 그리고 성 젬마에 대한 그의 관심에 매료되어 허락했을 것이다. "그는 아기 천사처럼 보였어요."라고 말할 정도였으니 말이다.

이후 카를로는 성 젬마의 침실을 방문할 수 있었다. 거기에는 성인이 베로나에 살던 영적 지도자에게 쓴 편지를 놓아둔 협탁이 있었다. 성 젬마는 수호천사가 직접 편지를 배달했기 때문에 일반 우편을 이용하지 않았다고 한다.

카를로는 피에트렐치나의 성 비오 신부에 대한 신심도 깊었다. 비오 신부는 카를로의 외고모할머니의 영적 지도 신부이기도 했다. 외고모할머니는 카를로에게 비오 신부의 통찰력에 대한 놀라운 이야기를 들려주곤 했다.

한번은 외고모할머니가 단순히 비오 신부를 보기 위해 산 죠반니 로톤도를 방문했다. 그러나 비오 신부를 둘러싼 군중 때문에 멀리 있을 수밖에 없었던 그는 마음속으로 주님께 비오 신부를 통해 아주 조그만 표징이라도 주시기를, 머리 한 번이라도 만져 주시기를 청했다. 성인이 자신을 보기 위해 죽 늘어선 신자들 사이의 긴 복도를 지나갈 때, 그도 거기에 서 있었다. 복도 끝에 도달했던 비오 신부는 갑자기 20미터쯤 뒤로 돌아와 그 앞에 서더니 머리를 쓰다듬고 축복해 주었다. 이러한 행동은 그 자리에 있던 모든 사람들을 분명히 놀라게 했을 것이다. 그는 아직 어렸고, 그곳에 함께 있던 유명한 사람들에 비해 그다지 눈에 띄는 존재가 아니었기 때문이다.

외고모할머니가 자주 해 주던 이 이야기에 카를로 역시 매우 감동을 받아 부모님께 비오 신부의 수도원을 방문하여 그 유명한 복도를 보고 싶다고 청했다. 2003년 폼페이 묵주기도의 성모 성지를 방문했을 때, 그의 어머니는 원래 계획을 살짝 바꿔 카를로를 산 죠반니 로톤도에 있는 비오 신부의 수도원에 데리고 갔다.

그곳에서 그들은 비오 신부를 영적 지도자로 모셨던 한

택시 기사를 만났다. 그는 비오 신부가 자신에게 부탁하기를, 악령에 들린 사람을 보거든 바로 성 미카엘 대천사의 성지로 데려가라고 했다고 카를로에게 말했다. 비오 신부가 "오직 그곳에서만 영혼과 육신의 치유가 가능"하다고 했기 때문이다.

카를로는 즉시 어머니에게 그 성지에 데려다 달라고 청했다. 그는 성지가 외부가 아니라 깊은 동굴 안에 있는 것을 보고 매우 놀랐다. 성지 해설사는 이렇게 설명했다. "동굴의 깊이는 미카엘 대천사 성지를 방문하는 사람들이 죄를 정화하고 치유되기 위하여 걸어야 하는 깊은 내적 여행을 상징한답니다."

카를로의 어머니는 카를로가 매우 들떠 긴 계단을 내려갔다고 회상했다. 카를로는 대천사가 그 동굴에 직접 나타나 바위 위에 한쪽 날개의 흔적을 남겼다고 한 것을 보았다. 미카엘 대천사는 발현하여 이런 메시지를 남겼다. "나는 대천사 미카엘이다. 나는 항상 하느님 면전에 있다. 이 동굴은 나에게 거룩한 곳이고, 내가 선택한 곳이다. 내가 바로 그곳을 지키는 파수꾼이다. 바위가 활짝 열린 그곳에서 사람들은 죄를 용서받을 수 있다. … 이곳에서 기도로 청하는 것은 무엇이든 응답받을 것이다. 그러니 산으로 가서 동굴을 하느님을 경배하는 곳으로 봉헌하여라."

미카엘 대천사가 발현했던 동굴은 493년 젤라시오 1세 교황의 승인을 받아 공적 경배의 장소로 봉헌되었다. 1997년 3월 5일 교황청 내사원은 요한 바오로 2세 교황의 지시에 따라 그곳을 통상적인 조건에 따라(고해성사, 영성체, 교황의 지향에 따른 기도) 영구히 전대사를 얻을 수 있는 곳으로 지정했다. 또 미카엘 대천사의 성지에서 정성스럽게 미사에 참례하거나 적어도 주님의 기도와 신경을 외워도 전대사를 얻을 수 있다. 이 동굴을 방문한 가장 유명한 순례자 중에는 아시시의 성 프란치스코가 있다. 성 프란치스코는 1221년 사순절을 준비하기 위해 몬테 산탄젤로에 왔다.

카를로는 그 거룩한 장소에 깊은 인상을 받았다. 그 순간부터 그는 구품천사에게 바치는 기도인 천사들의 묵주 기도를 바치는 습관을 들였다. 성모송 27번과 주님의 기도 9번으로 구성된 이 기도는 천사들의 무리에 바치는 기도이다. 전승에 따르면 이 천사들의 묵주 기도는 미카엘 대천사가 직접 포르투갈에 살던 하느님의 종인 안토니아 데 아스토낙 수녀에게 계시한 기도이다.

대천사는 안토니아 수녀에게 나타나 구품천사를 공경하는 아홉 개의 기도를 바치도록 명했다. 미카엘 대천사는 영성체를 하기 전 천사들의 묵주 기도를 바치는 사람은 누구나 구품천사 중 한 천사와 함께 제단으로 나가 특별한 보호를 받고, 살아 있을 때뿐만 아니라 죽은 후 연옥에 있더라도 모든 천사들의 특별한 보호를 받을 것이라 약속했다.

성모님께 봉헌된 카를로

카를로는 성모 신심이 매우 깊어 매일 묵주 기도를 바쳤다. 카를로는 동정 성모님께 여러 차례 자신을 봉헌했는데, 이는 성모님에 대한 자신의 사랑을 새롭게 하고 성모님의 전구를 청하여 하느님의 사랑에 응답하는 데 필요한 은총을 얻기 위해서였다. 그는 성모님의 도움이 없다면 그리스도를 만나는 길이 훨씬 더 험하고 걸림돌로 가득할 것이라는 사실을 알고 있었다. 사실 카를로는 다른 모든 성인들보다 성모님을 더 사랑했다.

성모님께 봉헌된 성지들 중 폼페이에 있는 묵주 기도의 성모 성지는 카를로의 삶에 있어 매우 중요했다. 카를로의 외가 쪽은 이 성지와 매우 밀접한 관계를 가졌다. 카를로의 외증조모는 그곳에서 결혼을 했고, 결혼식 날 성모님께 평생 충실하게 묵주 기도를 바치겠다고 서약하기도 했다. 카를로는 이 사실을 알고 있었고, 유년 시절 여러 차례 그곳을 방문했다.

어느 날 카를로는 폼페이 성모님 앞에서 한 아주머니의 회심을 위해 기도했다. 그 아주머니는 매우 친한 친구의 어머니였는데, 30년 넘게 성체성사와 고해성사를 가까이하지 않았다. 성모님께 간절히 전구를 청한 덕분에 얼마 지나지 않아 아주머니는 고해성사를 보았고 성체도 모시게 되었다. 이러한 회개는 카를로에게 엄청난 인상을 남겼다. 무엇보다 동정 성모님께서 주님 대전에서 엄청난 전구의 힘을 가지고 있음을 확신했다.

폼페이 성지에는 순례자들이 제의실에 있는 사제를 방문하여 성모님께 자신을 봉헌하는 특별한 예식을 할 수 있는 전통이 있다. 이 사실을 알게 된 카를로도 자신을 봉헌하고 싶어 했다. 그는 짧은 생애 동안 일곱 번이나 폼페이의 성모님께 자신을 봉헌했다.

성모님에 대한 신심이 깊었던 카를로는 기회가 있을 때

마다 천주의 성모께 자신을 봉헌하고 싶어 했다. 밀라노의 성 안토니오 거리에 있는 한 성당 사제는 미사가 끝나면 자신에게 청하는 신자들을 성모님께 봉헌하는 예식을 거행했다. 이러한 봉헌 예식을 기념하여 그 사제는 파란 리본이 달린 메달을 선물했는데, 카를로 역시 꽤 많은 메달을 모았다. 그 메달들은 그가 가장 아끼는 것 중 하나였다.

어느 해에는 로마에 사는 사촌들이 함께 새해를 맞이하기 위해 밀라노에 왔는데, 이때에도 카를로는 그들과 성 안토니오 거리에 있는 성당에 가서 봉헌 예식에 참여했다. 이를 사촌들은 이렇게 기억했다. "우리가 밀라노에서 새해를 맞았는데, 그때 우리는 성모님께 우리를 봉헌했고, 대성당 앞에서 어떤 아저씨가 선물로 많은 묵주를 우리에게 주었어요. 그래서 카를로와 함께 묵주 기도를 했습니다."

하느님의 자비와 어린 카를로의 깊은 신학적 직관력

카를로는 그리스도의 지상 대리자인 교황을 너무도 사랑해서, 교황의 교도권에 의한 지시를 따르는 것이 자신의 의무라고 생각했다. 2000년 성 요한 바오로 2세 교황이 사백

성 파우스티나에게 나타나신 예수님. 카를로는 이 그림을 자신의 침실에 간직했다.

주일이라 부르는 부활절 다음 첫 주일을 하느님의 자비 주일로 제정한 후, 카를로는 부모님께 축일을 기다리며 9일 기도를 바치자고 제안했다. 예수님께서 성 파우스티나 코발스카 수녀에게 친히 전해 주신 9일 기도에는 다음의 약속들이 담겨 있다.

나는 부활절 후 첫 주일을 나의 자비 축일로 정하기를 바란다. 내 딸아, 온 세상에 나의 헤아릴 수 없는 자비를 전하여라! 그날 고해성사를 받고 영성체를 한 사람은 죄와 벌에 대한 완전한 용서를 받을 것이다. 나는 이 축일을 온 교회가 거룩하게 기념하기를 바란다. 그날에 생명의 샘에 다가오는 사람들은 누구든지 죄와 벌의 완전한 용서를 얻을 것이다. … 누구든지 내 자비의 샘에 다가오는 사람에게는 바다 같은 은총을 내릴 것이다. … 너희들의 죄가 진홍같이 붉을지라도 나에게 다가오는 것을 두려워하지 마라.

카를로는 9일 기도를 열심히 바쳤다. 연옥에 가는 것을 매우 두려워했던 카를로는 제노바의 위대한 신비가인 성 카타리나의 『연옥론』을 읽은 후, 그 두려움이 더 커졌다. 성 카타리나는 "연옥 영혼들은 말로 표현할 수 없는 극도의 고통을 겪습니다."라고 연옥을 묘사했다. 그 이후는 여러분의 상상에 맡긴다.

사람들이 연옥에 떨어질 가능성이 많다고 확신했던 카를로는 연옥과 지옥의 존재를 믿지 않는 이들을 위해 그에 관한 글들을 적어 두었다. 그중 성 파우스티나 코발스카 수녀의 일기에서 뽑은 연옥과 지옥에 관한 글을 소개한다.

저는 안개가 짙은 곳에 있었는데, 그곳은 불로 활활 타오르고 있었습니다. 그곳에는 고통받는 영혼들이 어마어마하게 있었습니다. 연옥 영혼들은 매우 열렬히 기도했지만, 그들의 기도는 아무런 효과가 없었습니다. 오직 우리만이 그들을 도울 수 있습니다. 그들을 사르는 불꽃은, 저를 털끝만큼도 건드리지 못했습니다. 저의 수호천사는 한순간도 저를 방치하지 않았습니다. 저는 연옥 영혼들에게 무엇이 가장 고통스러운지 물었습니다. 그들은 한 목소리로 가장 큰 고통이란 하느님에 대한 열렬한 열망이라 대답했습니다. 저는 성모님께서 연옥 영혼들을 방문하시는 것을 깨달았습니다. 연옥 영혼들은 성모님을 '바다의 별'이라 불렀습니다. 성모님은 그들에게 위로를 가져다주셨습니다. 저는 그들과 더 오랫동안 이야기를 나누고 싶었으나, 저의 수호천사가 이제 떠나라는 신호를 보냈습니다. 우리는 그 고통의 감옥 문 밖으로 나왔습니다. 저는 제 안에서 울려오는 음성을 들었습니다. "나의 자비는 연옥을 바라지 않지만, 나의 정의가 연옥을 요구한다."

지옥은 놀랍도록 넓게 펼쳐진 고통의 장소입니다. 제가 본 다양한 고통은 이와 같습니다. 첫 번째 고통은 지옥을 구성하는 고통인데, 그것은 하느님을 잃는 것입니다. 두 번째는 끊임없는 양심의 가책입니다. 세 번째는 그 운명이 결코 바뀌지 않을 것을 알고 있다는 사실입니다. 네 번째 고통은 불이 영혼을 관통하지만, 영혼을 소멸시켜 버리지는 않는다는 사실입니다. 그것은 엄청난 고통을 주는 순수하게 영적인 불로 하느님의 진노로 타오르는 불입니다. 다섯 번째는 끊임없는 어둠과 끔찍하고 질식시킬 듯한 악취입니다. 어둠 속에 있지만, 저주받은 영혼들과 악마는 서로를 바라보고, 자신과 마주보는 존재의 죄악을 바라봅니다. 여섯 번째 고통은 사탄과의 끊임없는 동행입니다. 일곱 번째 고통은 엄청난 절망으로, 하느님을 증오하고 저주하며 모독하는 것입니다. 이 모든 고통들은 지옥에 떨어진 모든 이들이 공통적으로 겪는 고통이지만, 이것은 고통의 끝이 아닙니다. 많은 영혼들이 겪는 특별한 고통이 있는데, 이것은 감각의 고통입니다. 죄를 지은 모든 영혼은 끔찍하고 형언할 수 없는 방식으로 고통을 겪습니다.

지옥과 연옥을 믿지 않는 사람들 중에는 카를로의 가까운 친척들도 있었다. 카를로는 그들을 신앙으로 이끌기 위해 공부를 했다. 카를로는 연옥과 지옥의 존재를 부정하는 사제와 논쟁을 벌이기도 했다. 그러나 카를로는 모든 사제는 하느님의 성직자이므로 신자들에게 빛나는 모범을 보이지 못하더라도 존경과 영예를 받아야 한다고 확신했다.

카를로는 아직 어린 나이였지만, 그의 양성과 영성을 보았을 때 신학자들만 잘 설명해 낼 수 있는 신앙의 진리를 이해하는 데 특별한 능력이 있었다. 교의 신학 박사 과정 중이던 그의 견진 대부는 카를로의 심오한 내면을 알려 주는 증언을 남겼다.

"카를로는 지적이고 영적인 측면에서 특별한 재능을 가졌습니다. 그가 복잡하고 어려운 신학적 개념들을 이해하는 특별한 능력을 가졌음을 자주 경험했습니다. 그래서 저는 그가 훗날 신학자가 될 특별한 준비가 되어 있다고 확신했습니다.

특별히 기억나는 것은 그가 여덟 살쯤 되었을 때 제가 던졌던 두 가지 질문입니다. 첫 번째 질문은 베드로의 수위권에 대한 질문이었는데, 저는 일부러 다소 애매한 방식으로 그리고 정답이 무엇인지 모르는 체하며 이렇게 물었습니다. '교황님이 다른 모든 주교님들과 똑같은 주교일 뿐이라는 것을 알고 있니?' 카를로는 즉시 카이사리아의 필리피 지방에서 하신 예수님의 말씀을 인용하며 답했습니다. '너는 베드로이다. 내가 이 반석 위에 내 교회를 세울 터인즉,

저승의 세력도 그것을 이기지 못할 것이다. 또 나는 너에게 하늘 나라의 열쇠를 주겠다. 그러니 네가 무엇이든지 땅에서 매면 하늘에서도 매일 것이고, 네가 무엇이든지 땅에서 풀면 하늘에서도 풀릴 것이다.'(마태 16,18-19). 이어서 그는 '교황님을 교회의 수장으로 세우신 분은 예수님이시고 교황님은 그리스도의 지상 대리자세요.'라고 말했습니다.

또 그는 베드로라는 이름이 그리스어로 '돌'을 뜻하는 단어의 음역이며, 예수님께서 '당신 교회를 세우신 바위'를 상징한다는 사실을 힘주어 설명했습니다. 카를로는 이어서 '만일 예수님께서 그의 후계자는 베드로뿐이라고 말씀하셨다면, 교회는 이미 끝났을 거예요. 사실 예수님께서 베드로와 그 후계자들에게 서임권을 주지 않으셨다면, 감히 누가 다른 주교와 사제를 서임할 수 있었겠어요?'라고 말했습니다.

제가 카를로에게 던졌던 두 번째 질문은 성찬 전례에서 예수님이 현존한다는 진리에 대한 질문이었습니다. '축성된 제병, 즉 성체는 예수님과 최후의 만찬을 기억할 수 있게 해 주는 상징일 뿐인 것 아니야?' 카를로는 '성체 안에는 정말로 예수님께서 계셔요. 상징이 아니라 예수님의 몸과 피, 영혼과 신성이 그 안에 있어요.'라고 말했습니다. 저는 즉시 그에게 '네가 성체를 모실 때마다 똑같지? 맛도 냄새도 색깔도… 그런데 어떻게 예수님의 몸과 피, 영혼, 신성이 될 수 있어?'라고 물었습니다. 카를로는 실체 변화에 대한 전체적인 설명을 저에게 하며 다음과 같이 말했습니다. '축성하기 전 제병의 실체는 빵이에요. 그런데 축성 후에는 예수 그리스도의 몸과 피, 영혼, 신성이 실체가 되지요. 그런데 빵의 형상 자체는 축성 후에도 변하지 않기 때문에 맛, 냄새, 색깔은 바뀌지 않고 그대로인 것이고요.'

마지막으로 저는 그에게 실체가 무엇인지 물었고, 그는 실체란 '가장 깊은 본질'이라고 대답했습니다. 저도 정말 마지막으로 도발해 보았습니다. '그런데 어떤 사람들에게 성체는 단순히 상징일 뿐이지!' 그러자 카를로는 확신에 차서 대답했습니다. '그들의 생각은 틀린 것이에요!'"

예수 성심과 카를로

카를로는 예수 성심에 대한 깊은 신심을 가지고 있었다. 그는 750년 란치아노에서 일어난 성체 기적 이야기를 예로 들면서 "예수 성심은 바로 성체성사."라고 즐겨 말했다. 미사를 집전하던 사제가 축성된 빵과 포도주에 예수님께서 실재하시는지 의심이 들었는데, 그가 축성하자 빵은 살이 되었고, 포도주는 피로 변해 버린 기적이었다.

1970년 란치아노 성체 기적에 대해 과학적 검증을 시도했다. 해부학과 조직학, 화학 및 임상 현미경 교수인 에도아르도 리놀리 박사가 검증에 참여한 분석 보고서의 내용은 매우 놀랍다.

란치아노의 성체 기적에서 빵이 몸으로, 포도주가 피로 변한 성체 조각을 담고 있는 현시함. 카를로는 이 기적에 대한 깊은 신심이 있었다.

❶ '신비로운 살'은 실제 심장 횡문근 조직의 일부이다.
❷ '신비로운 피'는 크로마토그래피 분석 결과 의심의 여지 없는 실제 피다.
❸ 면역학적 연구 결과 살과 피는 인간의 것이며, 같은 AB형에 속한다.

❹ '신비로운 피'에 포함된 단백질은 일반적이고 신선한 혈액과 같다.

❺ '신비로운 살'은 미라를 만들 목적의 소금이나 방부제 성분이 검출되지 않았다.

카를로의 깊은 성체 신심은 이 엄청난 기적을 빼고선 이야기할 수 없다. 믿을 교리는 아니지만, 하느님께서 믿지 않는 사람들에게 보내신 특별한 표징인 이 기적으로 성체가 참으로 예수님의 성심임을 사람들이 알게 된 것이다. 카를로는 이 이야기 때문에 1998년 첫영성체를 마치자마자 온 가족을 예수 성심께 공식적으로 봉헌하자고 제안했고, 며칠 후 밀라노의 산 페델레 센터에서 예수회 신부의 주례로 봉헌 예식을 거행했다.

카를로는 예수 성심으로 인간에게 부어 주신 하느님의 어마어마한 사랑을 보았다. 성 마르게리타 마리아 알라코크(1647-1690년)의 생애와 예수 성심의 계시에 관해 잘 알고 있었던 카를로는 매달 첫 금요일에 예수님을 거슬러 저지른 죄의 속죄를 위해 꼬박꼬박 영성체를 했다.

1675년 6월 13일부터 20일 사이, 그리스도의 성체 성혈 대축일 8부 축일 때 예수님께서 성인에게 해 주신 말씀도 필사해 두었다.

"인간을 그토록 사랑하여, 그 사랑을 증명하기 위해 자신을 아낌없이 남김없이 내어 주는 나의 마음을 보아라. 그러나 대부분의 사람들은 이 사랑의 성사에 감사하지 않았고, 불경했으며, 신성 모독했고, 냉소적이며 무시했다. 그러나 내 마음을 더 슬프게 하는 것은 나에게 봉헌된 사람들이 그런 식으로 행동하는 것이다. 그래서 나는 너에게 요청한다.

성체 성혈 대축일 8부 축일 후 첫 금요일을 내 성심을 기리는 특별한 축일로 정하고, 그날에 성체를 영하고, 합당한 보속으로 내 성심에 보상하고, 제대에 내가 모셔져 있는 동안 너희들의 합당치 못한 마음을 되갚아라. 또한 나는 내 성심이, 나에게 영광을 돌리고 그 일이 이루어지도록 협력하는 영혼들에게 그 신성한 사랑의 영향력을 넉넉히 펼칠 것을 약속한다."

1686년 성 마르게리타 마리아 알라코크는 매달 첫 금요일 영성체를 하는 모든 사람을 위한 주님의 약속을 받았다.

"나는 내 성심의 넘치는 자비로 너에게 약속한다. 아홉 달 동안 매월 첫 금요일에 성찬의 식탁으로 나아간 사람은, 내 성심의 전능한 사랑이 최종적인 회개의 선물을 허락할 것이다. 그들은 죄의 상태에서 죽지 아니할 것이고, 성사들을 받지 못한 채 죽지 아니할 것이다. 그리고 나의 성심은 마지막 순간에 그들에게 안전한 피난처가 될 것이다."

이 약속을 마음에 간직했던 카를로는 자신이 아는 사람들도 예수 성심 안에 숨겨진 보물 같은 자비를 얻도록 그 실천을 권했다. 예수 성심께 바쳤던 카를로의 공경은 예수님을 향한 사랑을 키웠고, 그가 사람들이 매일매일 저지른 많은 죄들을 대신 속죄하도록 했다.

그는 무관심하게 사는 사람, 신성 모독하는 사람, 성체를 모독하는 사람들을 생각하고, 이 모든 영혼들을 위해 기도하고 보속했으며, 다른 사람들도 이러한 보속에 참여시키려 노력했다. 카를로는 예수님을 사랑하기 위해서는 그분을 따라야 하며, 그분의 도움 없이는 어떤 노력도 헛수고임을 잘 알고 있었다. 예수 성심께 자신을 봉헌하는 것이 중요한 이유였다. 봉헌이란 사랑의 행위이자, 우리를 무한히 사랑하시는 주님께 자신을 자녀로 내어 맡기는 행위였다.

루르드 성모님과 카를로

카를로는 성체성사와 성모님에 대한 매우 깊은 신심을 가졌다. 카를로가 열두 살이 되기 몇 달 전, 가족은 스페인으로 자동차 여행을 가기로 결정했다. 여러 행선지 중, 루르드가 포함되었다. 카를로가 성 베르나데타에게 성모님께서 발현하신 곳에 가 보고, 성모님께서 발현하신 동굴에서 흘러나오는 기적의 물을 마시고 싶어 했기 때문이었다.

1858년 2월 11일부터 7월 16일까지 성모님은 18번에 걸쳐 발현하셨다. 열네 살 베르나데타가 그 일을 목격했다. 다음은 루르드 성모 성지의 공식 웹사이트에 소개된 성모님의 발현 이야기 전체이다.

1858년 2월 11일 목요일: 만남

베르나데타는 여동생과 친구와 함께 가브강을 따라 걸으며 마사비엘로 가는 길에 뼈와 마른나무를 줍고 있었습니다. 그녀가 강을 건너기 위해 신발을 벗고 있는데, 돌풍 소리와 비슷한 소리에 고개를 들어 동굴 쪽으로 향했습니다. "저는 흰옷을 입은 한 부인을 보았습니다. 그녀는 흰색 드레스를 입고, 하얀 베일을 둘렀으며, 파란색 허리띠를 매고, 양쪽 발에는 노랑 장미를 한 송이씩 얹고 있었습니다." 베르나데타는 부인과 함께 십자가를 긋고, 묵주 기도를 바쳤습니다. 기도가 끝나자 부인은 갑자기 사라졌습니다.

2월 14일 주일: 성수

베르나데타는 부모님이 금지했음에도 동굴로 돌아가고 싶은 깊은 내적 충동을 느꼈습니다. 그녀가 굽히지 않자, 어머니는 결국 허락해 주었습니다. 묵주 기도 10단을 마치자 그녀는 지난번과 동일한 부인의 발현을 목격했습니다. 베르나데타는 부인에게 성수를 뿌려 드렸습니다. 부인은 미소 지으며 고개를 숙였습니다. 묵주 기도가 끝나자 부인은 사라졌습니다.

2월 18일 목요일: 부인과 대화하다

처음으로 부인이 말을 했습니다. 베르나데타는 부인에게 펜과 종이를 건네며 이름을 써 달라고 청했습니다. 그 부인은 "필요하지 않다."라고 답했습니다. 이어서 "나는 너를 이 세상에서가 아니라 다음 세상에서 행복하게 하겠다고 약속한다. 15일 동안 이곳에 와 줄 수 있겠니?"라고 말했습니다.

2월 19일 금요일: 짧고 조용한 발현

베르나데타는 축복받은 초 한 자루에 불을 켜고 동굴로 갔습니다. 초에 불을 켜서 동굴 앞에 놓는 관습은 이 행동에서 시작되었습니다.

2월 20일 토요일: 침묵 중에

부인은 베르나데타에게 개인적인 기도를 가르쳐 주었습니다. 발현이 끝날 무렵, 깊은 슬픔이 베르나데타를 휘감았습니다.

2월 21일 주일: '그분'

부인은 이른 아침 베르나데타에게 발현하였습니다. 백여 명의 사람들이 그녀와 동행했습니다. 베르나데타는 이후 경찰국장 자코메에게 심문을 받았습니다. 그는 베르나데타가 본 것을 듣고 싶어 했습니다. 그러나 베르나데타는 단지 '그분'(부인)에 대해서만 이야기했습니다.

2월 23일 화요일: 비밀

150명의 사람들에게 둘러싸인 채 베르나데타는 동굴로 갔습니다. 발현한 부인은 '오로지 그녀만을 위한' 비밀을 알려 주었습니다.

2월 24일 수요일: 회개하여라!

부인이 메시지를 주었습니다. "회개하여라! 회개하여라! 회개하여라! 죄인들을 위하여 하느님께 기도하여라. 죄인들의 회개를 위해 땅에 입맞춤을 하여라!"

2월 25일 목요일: 샘

300명의 사람들이 참석했습니다. 베르나데타는 이렇게 말했습니다. "그분은 저에게 가서 샘에서 물을 마시라고 했습니다. … 샘에는 흙탕물뿐이었습니다. 네 번째 시도에서 저는 물을 마실 수 있었습니다. 부인은 제게 샘 가까운 곳에 있는 풀을 먹게 하였습니다. 그러고 나서 발현은 끝났습니다. 이후 저는 떠났습니다." 그녀 앞에 선 군중들이 그녀에게 "그런 행동을 하는 너를 두고 사람들이 미쳤다고 하는 걸 아느냐?"라고 하자 베르나데타는 "그것은 죄인들을 위한 것입니다."라고만 말했습니다.

2월 27일 토요일: 침묵

800명이 모였습니다. 발현은 조용했습니다. 베르나데타는 샘물을 마시고 보속하는 몸짓을 취했습니다.

2월 28일 주일: 보속

1,000명도 넘는 사람이 환시를 목격했습니다. 베르나데타는 기도했고, 땅에 입맞춤을 했으며, 회개의 표

시로 무릎으로 걸었습니다. 그녀는 바로 리베스 판사의 집으로 끌려갔고, 판사는 그녀를 감옥에 가두겠다고 협박했습니다.

3월 1일 월요일: 첫 번째 기적

1,500명이 넘는 사람들이 모였고, 처음으로 사제가 왔습니다. 밤중에 루바작 출신 카타리나 라타피가 동굴로 들어가 자신의 탈구된 팔을 샘물에 담갔습니다. 그러자 그의 팔과 손이 나왔고, 다시 움직일 수 있게 되었습니다.

3월 2일 화요일: 사제들에게 보내는 메시지

군중은 더 늘어났습니다. 부인은 이렇게 말했습니다. "사제들에게 행렬을 지어 이리로 와서 여기에 성당을 지으라고 말하여라!" 베르나데타는 루르드의 본당 신부인 페이라말 신부에게 이 말을 전했습니다. 그 신부는 한 가지만 알고 싶어 했습니다. 바로 그 부인의 이름이었습니다. 더 나아가 그는 한겨울에 동굴에 피어난 장미 덩굴을(혹은 개장미를) 증거로 요구했습니다.

3월 3일 수요일: 미소

베르나데타는 아침 7시 무렵 3,000명의 사람들이 지켜보는 가운데 동굴로 갔습니다. 그러나 발현은 없었습니다. 방과 후, 그녀는 내면으로부터 그 부인이 보내는 듯한 초대를 느꼈습니다. 그녀는 동굴로 가서 부인의 이름을 물었습니다. 대답은 미소뿐이었습니다. 페이라말 신부는 "그 부인이 정말로 성당을 원하신다면, 우선 그분의 이름을 알아 오고 동굴에 장미 덩굴이 피어나게 하라."라고 말했습니다.

3월 4일 목요일: 가장 기다려 온 날!

군중은 점점 늘어나(약 8천 명) 15번째 발현 날에 일어날 기적을 기다리고 있었습니다. 현시는 조용했습니다. 본당 신부 페이라말은 자기 자리를 잡고 있었습니다. 이후 20일 동안 베르나데타는 더 이상 동굴에 가지 않았고, 더 이상 거부할 수 없는 초대를 느끼지 못했습니다.

3월 25일 목요일: 기다려 온 이름!

마침내 발현한 부인은 당신의 이름을 알려 주셨지만, 당신 발아래 딛고 있는 장미 덩굴은 꽃을 피우지 않았습니다. 베르나데타는 이렇게 이야기했습니다. "그분께서는 눈을 들어 하늘을 쳐다보고, 땅을 향해 뻗은 손을 모으며 기도하는 표시를 하며 저에게 말씀하셨습니다. '나는 원죄 없이 잉태된 이다.'"

이 젊은 예언자는 뛰어가며 이 표현이 무슨 뜻인지 모른 채 계속 반복했습니다. 베르나데타가 그 표현을 마을의 본당 신부 앞에서 하자 본당 신부는 깜짝 놀랐습니다. 사실 베르나데타는 '원죄없는 잉태'라는 신학적 표현이 성모님을 가리키는 것이며, 불과 4년 전인 1854년 비오 9세 교황이 '성모 무염 시태' 교리를 선포한 줄도 모르고 있었습니다.

4월 7일 수요일: 촛불의 기적

성모님의 발현 동안 베르나데타는 손에 촛불을 켜 두었습니다. 불꽃은 오랫동안 그의 손을 태웠지만 손에는 아무런 상처도 남지 않았습니다. 이 사실은 의사인 두주 박사에 의해 검증되었습니다.

7월 16일 목요일: 마지막 발현

베르나데타는 동굴로부터 울려오는 신비로운 부름을 들었지만, 동굴로 들어가는 것은 금지되었고 문은 철책으로 잠겨 있었습니다. 그래서 그녀는 가브강의 반대편 동굴 앞으로 향했습니다. "제가 갔던 곳은 주 입구와 똑같은 거리에 위치한 반대편 동굴 앞이었습니다. 저는 성모님을 보기만 했는데, 그렇게 아름다운 모습은 본 적이 없습니다!"

루르드에 도착한 카를로의 머릿속에는 책에서 수도 없이 읽었던 베르나데타에게 발현하신 원죄 없이 잉태되신 성모님에 대한 묘사가 떠올랐다. 카를로는 프랑스어도 못하고 부끄러움이 많아 친구들과 어울리지도 못하던 열네 살 양치기 소녀에게 성모님이 발현하신 그 땅을 밟고 싶어 했다. 그는 성모님은 거만하지 않고 겸손한 사람을 좋아하신다는 것을 잘 알고 있었다. 카를로가 여섯 살 무렵 부모님께 "사랑 그 자체가 아니라 하느님의 영광"이라는 내면의 목소리를 들었다고 말했기 때문이다.

그가 처음으로 선물 받은 묵주는 아일랜드 출신인 친할머니의 먼 친척 이모가 루르드에서 사 선물한 것이었다. 그 묵주는 이후로도 그와 여정을 함께했다.

그해에 그토록 특별한 장소를 방문했던 카를로가 멀리 가브강에 접한 성지를 보며 느꼈던 흥분을 부모님은 아직도 기억하고 있다.

루르드를 방문한 적이 있던 카를로의 외할머니가 카를로에게 성모님께서 어떻게 발현하셨는지 알려 달라고 하자, 카를로는 세세한 부분까지도 모두 설명해 드렸다. 특히 양치기 소녀인 베르나데타가 글을 몰랐음에도 성모님께서 하신 모든 것들과 말씀을 더듬거리지 않고 반복할 수 있었다는 점을 강조했다.

동정 성모님께서 수많은 소녀들 중 베르나데타를 선택하신 이유는 그의 겸손함 때문이었다. 그리고 그에게 온 세상의 회개와 보속을 위한 위대한 메시지를 맡기셨다.

카를로는 루르드의 동굴에서 깊은 인상을 받았고, 황혼

녘 빛나는 긴 촛불이 동굴 벽을 비추는 것을 보았을 때 막중한 책임감을 느꼈다. 카를로는 이 여행을 하면서 묵주 기도를 충실히 바치겠다고 성모님께 맹세했다. 그는 그 맹세를 충실히 지켰다. 세상을 떠나기 전날에도 카를로는 부모님, 그에게 소중했던 외할머니와 강아지들과 함께 묵주 기도를 바쳤다.

카를로는 친척들과 봉쇄 수도원 수녀들에게 선물하기 위해 루르드에서 성모님의 모양을 본뜬 성수통을 여러 개 샀다. 그의 어머니는 차가 반쯤 비어 있었으므로, 10리터짜리 플라스틱 통을 여러 개 사서 루르드의 기적수를 채울 생각이었다. 아버지는 목적지에 도착할 때마다 그 물통들을 내려야 하는 것은 아닌지 걱정했지만, 카를로가 자기가 챙기겠다고 안심시켜 결국 차는 물통으로 가득 차 버렸다. 이 가족이 스페인에 도착했을 때, 사람들은 그들을 웃으며 바라보았다. 관광객들이 수많은 물병을 들고 다니는 모습을 자주 봤기 때문이었다.

이 가족 여행에는 카를로가 가장 아끼는 강아지 브리치

스페인 신앙의 수도 톨레도에서.

올라가 동행했다. 겨우 백일 된 이 강아지는 할머니의 가방 안에 쉽게 들어가 데리고 다닐 수 있었기 때문이다. 그들이 마드리드에 도착해 아버지가 그를 데스칼자스 레알레스 수도원에 데려가자 카를로는 무척 즐거워했다. 그 수도원

카를로가 그린 브리치올라. 카를로가 가장 좋아했던 강아지였다.

에는 클라라회 수녀들이 거주 중이었으며, 아름다운 박물관도 있었다.

　박물관을 방문하는 도중, 이 화목한 가정의 분위기를 보여 주는 일이 일어났다. 가이드는 동물 출입을 금지했지만, 할머니는 강아지만 호텔에 두고 올 수 없어 가방에 몰래 숨겨 데려갔다. 일행은 수도원에서 꽤 오랜 시간 머물렀는데, 중간중간 가이드가 침묵의 시간을 갖고 잠시 멈춰 묵상하자고 제안했다. 그러나 그럴 때마다 가방 속 강아지가 참지 못하고 낑낑거리기 시작했고, 매우 당황한 할머니는 강아지를 들키지 않기 위해 연신 기침을 해야 했다. 카를로는 이 모든 장면을 비디오카메라로 촬영하며 즐거워했다.

파티마 성모님에 대한 카를로의 깊은 신심

카를로가 세례를 받았던 런던의 성당에는 파티마 성모님께 봉헌된 아름다운 조각상이 있다. 카를로의 가족은 파티마 성모님께 깊은 신심을 가지고 있었고, 그분을 보호자로 모시고 있었다. 2006년 카를로가 세상을 떠나기 몇 달 전, 부모님은 아들의 큰 소원 하나를 들어주었다. 바로 성모님께서 세 목동들, 곧 프란치스코와 히야친타, 루치아에게 발현하신 파티마에 방문하는 것이었다. 목동들은 카를로에게 영감을 불어넣는 모델들이었다.

세 목동의 삶은 카를로의 감성을 자극했고, 카를로는 종종 자신에게 특별한 것들을 포기하는 조그만 희생을 했다. 예를 들면 초콜릿, 영화 감상 등이었다. 카를로는 "성모님께 희생의 장미 꽃다발을 바치면, 성모님께서 그것으로 도움이 더욱 필요한 자녀들을 도우실 거예요."라고 말했다.

파티마에 발현하신 성모님 이야기를 매우 좋아했던 카를로는 어린 목동들의 시성 부청원인 루이스 콘도르 신부를 알게 된 것을 성모님께서 주신 큰 선물로 여겼다. 가족들이 파티마로 순례를 떠났을 때, 현지에서 어머니가 잘 아는 천주의 모친 수녀회 수도자 몇 명이 함께했다. 덕분에 카를로는 파티마 성모 발현에 대해 잘 알고 있는 그 수녀들의 이야기를 들었고, 목동 히야친타와 프란치스코 마르토의 시성 청원 사무실에 마련된 전시회도 방문했다.

전시회는 매우 훌륭했고, 성모님 발현에 관한 많은 이야기와 인물들의 사진으로 가득 차 있었다. 전시회를 설명해 준 사람은 리스본의 한 수녀였는데, 그의 할아버지는 1917년 10월 13일에 일어난 태양의 기적을 목격했다. 그 수녀는 그날 일어났던 일을 격정적으로 설명했다.

춤추는 태양의 기적이 파티마뿐만 아니라 포르투갈의 다른 지역에서도 목격되었다는 사실을 모든 사람이 알고 있는 것은 아니다. 그 기적은 일부 회의론자들의 주장처럼 집단 환각이 아니라, 너무도 예외적이라 과학으로도 이유를 설명할 수 없는, 실제 일어난 현상이었다.

전시회를 다 보고 난 후, 카를로는 포르투갈의 수호천사로 선포된 성체의 천사가 1916년 세 목동에게 발현한 장소인 라 로카 도 카베소로 향했다. 아래 이야기는 히야친타의 사촌인 루치아 도스 산토스 수녀가 히야친타의 전기에 쓴 발현의 경과에 관한 이야기이다.

카를로의 마음 속 소중한 친구들이었던 파티마의 세 목동.

카베소 동굴에 천사가 처음으로 발현한 것은 1916년 봄 무렵이었습니다. 우리는 잠시 함께 놀고 있었는데, 갑자기 거센 바람이 나무들을 흔들기 시작했습니다. 그날은 맑은 날이었기 때문에, 우리는 무슨 일이 일어나고 있는지 궁금해하며 위쪽을 바라보았습니다. 그때 수풀 위에 눈보다 더 희게 빛나는 어떤 것을 보았는데, 그것은 햇빛에 비친 크리스탈보다 더욱 맑은 투명함을 내뿜고 있다가 점점 청년의 모습으로 변했습니다. 그가 점점 다가오자, 우리는 그의 모습을 알아볼 수 있었습니다. 그는 14-15세쯤 되는 매우 아름다운 청년이었는데, 우리에게 이렇게 말했습니다.

"두려워하지 마세요! 나는 평화의 천사입니다. 나와 함께 기도합시다."

그는 땅에 무릎을 꿇고 이마를 땅에 숙이며, 이 말을 세 번 반복하게 했습니다.

"나의 하느님! 당신을 믿고 흠숭하며 바라고 사랑합니다. 당신을 믿지 않는 사람들, 흠숭하지 않는 사람들, 바라지 않는 사람들, 사랑하지 않는 사람들을 용서해 주시기를 바랍니다."

이후 그는 일어나서 말했습니다.

"이렇게 기도하세요. 예수님과 마리아의 성심은 여러분들의 간구에 귀를 기울이고 계십니다."

그리고 그는 사라졌습니다. 우리를 휘감은 초자연적 상황이 너무도 강력해서 오랜 시간 동안 우리 자신의 존재도 인식하지 못할 정도였고, 천사가 나타났던 그 자리에 한참을 서서 같은 기도를 계속해서 반복했습니다. 천사가 알려 준 기도는 우리 기억에 깊이 새겨져 결코 잊지 못할 것입니다. 그때부터 우리는 자주 그곳에 가서 긴 시간 땅에 엎드려 때로는 지쳐 쓰러질 때까지 기도하곤 했습니다.

두 번째 발현은 첫 번째와 같은 장소가 아니라, 루치아의 부모님 농장 아래쪽에 있는 우물에서 일어났습니다.

긴 시간이 흐른 어느 여름날, 부모님이 소유한 우물 근처에서 놀고 있었습니다. 우리는 그 우물을 아메이로라고 불렀습니다. 순간순간 지난번 보았던 것과 같은 모습의 천사가 우리 앞에 나타나는 것을 보았고, 천사는 우리에게 말했습니다.

"무엇을 하고 있습니까? 기도하세요! 많이 기도하세요! 예수님과 마리아의 성심은 여러분을 위한 자비의 계획을 마련하셨습니다. 지극히 높으신 분께 끊임없이 기도와 희생을 봉헌하세요."

"어떻게 희생을 봉헌할 수 있나요?"

"가능한 모든 방법으로 하느님께 봉헌하십시오. 하느님을 거역한 죄를 보속하는 행위로, 죄인들의 회개를 위한 간구로 희생을 봉헌할 수 있습니다. 그리하여 여러분들의 나라에 평화를 가져오게 하세요. 나는 포르투갈의 수호천사입니다. 무엇보다도 주님께서 여러분에게 보내시는 고통을 받아들이고 순명으로 참아 내십시오."

이 말씀은 하느님이 어떤 분이신지 밝혀 주는 빛처럼 우리 영혼에 새겨졌습니다. 그분께서는 우리를 얼마만큼 사랑하고, 또 우리에게 사랑받기를 원하시는지요. 희생의 가치란 하느님께 기쁨이 되고, 죄인들을 회개시키는 힘이었습니다. 이 사실을 깨달은 후부터 우리는 우리를 힘들게 하는 모든 것들을 하느님께 봉헌하기 시작했습니다.

루치아 수녀는 계속 이야기를 이어 갔다.

몇 달 후 1916년 9월인가 10월 쯤, 하느님의 천사는 이전보다 더 숭고한 메시지를 가지고 첫 발현 장소인 카베소 동굴에 발현했습니다. 우리는 도착하자마자 천사가 알려 준 기도를 무릎을 꿇고 얼굴을 땅에 댄 채 바치기 시작했습니다. "나의 하느님, 당신을 믿고 흠숭하며 바라고 사랑합니다. ….' 이 기도를 몇 번이나 반복했는지 모르겠습니다. 그러자 우리가 알지 못하는 빛이 우리를 비추기 시작했습니다. 우리는 무슨 일이 일어나는지 보려고 일어났습니다. 그리고 천사가 왼손으로 성작을 들고 있는데 그 위에 성체가 매달려 있는 것을 보았습니다. 성체에서 몇 방울의 피가 성작에 떨어지고 있었습니다. 천사는 공중에 성작과 성체를 둔 채, 우리가 있던 곳 근처로 와서 땅에 엎드려 기도를 세 번 반복했습니다.

"거룩하신 삼위일체, 성부와 성자와 성령이시여, 이 고귀한 예수님의 살과 피, 영혼, 신성을 지상의 모든 감실에 현존하시는 당신께 바칩니다. 이는 예수님께서 모욕, 모독, 무관심 때문에 겪으신 고통을 보속하기 위함입니다. 거룩하신 예수 성심과 티 없으신 마리아 성심의 무한한 공로에 힘입어, 불쌍한 죄인들의 회개를 위해 기도합니다."

이후 천사는 일어나서 손에 다시 성작과 성체를 들고, 성체는 저에게 주었고, 성작은 히야친타와 프란치스코에게 건네며 마시라 했습니다. 그리고 이렇게 말했습니다.

"은혜를 모르는 사람들로부터 끔찍한 모욕을 당하신 그리스도의 몸과 피를 먹고 마시십시오. 그들의 범죄를 바로잡고 여러분들의 하느님을 위로해 주세요."

천사는 다시 땅에 엎드려 우리와 함께 같은 기도를 세 번 더 반복했습니다. "거룩하신 삼위일체, ···." 그리고 사라졌습니다.

콘도르 신부는 세 목동이 초자연적 상태로 옮아가 성모님의 방문을 영접할 수 있었다고 설명했다. 성모님은 1917년 5월 13일부터 10월 13일까지 연속해서 6개월 동안 발현하셨는데, 그때 성모님은 저주받은 영혼으로 가득 찬 지옥을 보여 주며 "영혼들을 지옥으로 가장 많이 보내는 죄는 바로 육신의 죄"라고 말씀하셨다.

몇 년 전 카를로의 가족이 프랑스로 여행 갔을 때 일어났던 일이다. 카를로는 루치아 수녀의 일기를 가져갔는데, 그 안에는 루치아의 네 가지 회고록이 담겨 있었고, 카를로는 여행 중 그것을 큰 소리로 읽으며 가족을 즐겁게 했다.

부모님은 큰 소리로 글을 읽어 나가던 카를로가 목동들이 성모님께 그들 역시 천국에 갈 수 있는지를 묻고, 성모님께서 루치아와 히야친타는 물론 데려갈 것이지만 프란치스코는 천국에 가기 위해 묵주 기도를 많이 바쳐야 한다고 했을 때, 순간 카를로가 몹시 불안해했던 것을 기억했다. 카를로는 부모님께 이렇게 물었다. "프란치스코는 그렇게 훌륭하고 친절하며 단순했는데 천국에 가기 위해 묵주 기도를 많이 바쳐야만 했나요? 그렇다면 그에 비해 덜 거룩한 저는 어떻게 해야 하죠?"

이후 목동들이 성모님께 누이의 친구인 아말리아는 어떻게 되었는지 물었을 때, 성모님이 그녀가 춤추는 것을 너무 좋아해서 "세상 끝날 때까지 연옥에 머무르게 될 것"이라고 하신 부분을 읽었다. 카를로가 이 글을 읽고 어떤 반응을 보였을까? 부모님은 아직도 아들이 그 문제와 관련해 얼마나 많은 질문을 던졌는지, 그리고 성모님의 답이 그를 얼마나 오랫동안 생각에 잠기게 했는지 매우 잘 기억하고 있다.

다음 날도 카를로는 큰 소리로 책을 읽어 나갔고, 루치아가 사촌들과 함께 지옥을 본 부분에 이르렀다.

우리는 거대한 불바다와 같은 것을 보았고, 그 화염 속에 악마들과 영혼들이 잠겨 있는데, 마치 투명하고 검거나 그을린 불씨 같았습니다. 사람의 형상을 한 그들은 짙은 연기와 같은 구름에 휩싸인 화염이 폭발하자 사방으로 흩어져 떨어졌습니다. 그 모습이 대형 화재 때 폭발과 비슷했습니다. 그 모습은 무게도 균형도 없었고, 고통과 절망의 비명과 신음소리만 가득했으며, 우리를 공포와 두려움에 떨게 만들었습니다. 악마들은 흉측하고 혐오스러운 그리고 무섭고 처음 보는 동물의 모습이었는데, 검은 숯불처럼 투명했습니다.

카를로는 더욱더 두려워했고, 그때부터 영원한 위험에 떨어질 위험이 있다고 생각되는 사람들을 위해 더 자주 기도했다.

카를로는 『가톨릭 교회 교리서』에서 가르치는 고대 전승들로부터 이어져 오는 성경의 '의미들'에 대해 알고 있었다. 이 전통에 따르면 성경은 문자적 의미와 영적 의미로 대별할 수 있는데, 영적 의미는 우화적, 도덕적, 신비적 의미로

파티마 성모님의 발현을 목격한 프란치스코와 히야친타 남매의 집 정원에서.

구분할 수 있다. 카를로는 파티마의 제3의 비밀을 그리스도의 모습에 더욱 초점을 맞추고 우화적 의미로 해석하면, 환시에서 묘사된 사건을 더욱 깊이 이해할 수 있다고 말했다.

카를로는 우화적 의미를 설명하기 위해 히브리 백성이 홍해를 건넜던 일화를 자주 인용했는데, 교회는 이를 항상 그리스도께서 세례를 통해 죄에 대해 승리했다는 표징으로 해석했다. 이집트에서의 노예 생활은 언제나 인간이 죄에 짓눌려 있는 상징으로 여겨져 왔으며, 이스라엘 백성이 건너간 그 홍해에 이집트의 파라오와 그의 군대가 잠긴 사건

파티마 성모님의 발현을 목격한 루치아 수녀 생가의 양들.

은 세례의 물을 통해 인간이 원죄로부터 해방되었음을 상징하는 것이었다.

카를로는 파티마의 제3의 비밀을 설명하기 위해 우화적 해석을 사용하면서, 성찬례에 대한 해석에도 적용할 수 있다고 말했다. "산 위의 십자가는 모든 미사에서 기념하는 것처럼, 인류 구원을 위한 그리스도의 자기희생을 상징해요. 힘들게 산꼭대기까지 오르는 신자들에게 천사들이 십자가 양쪽 날개 아래에서 붓는 피는, 성찬례 거행 중 주님께서 순교자들과 함께 모든 인류를 위해 흘리는 피이며, 이 피는 사람들의 마음을 자신이 지은 죄에서 깨끗하게 하고 씻어 주지요. 산꼭대기로 오르는 신실한 사람들에게 퍼부어지는 화살은 모든 인류가 천국에 들기 위해 겪는 모든 어려움을 상징하는 것이고요. 교회가 요한 바오로 2세 교황님과 연관시킨 흰옷을 입은 주교의 모습은, 교황님이 성체성사를 강조하셨고 또 어떤 의미에서 '순교자'셨기에, 환시의 성체성사적 의미를 더욱 분명히 드러내지요."

카를로는 해마다 5개월간 계속해서 첫 토요일을 1925년 루치아 수녀에게 친히 발현하시어 계시하신 성모님께 봉헌하며 지냈다. 그 계시는 성모님께서 모든 사람들이 당신의 성심을 거슬러 지은 죄를 보상하고 위로해 달라고 청하시는 내용이었다. 성모님은 이렇게 약속하셨다. "다섯 달 동안 첫 토요일에는 고해성사를 보고, 성체를 영하며, 묵주 기도를 바치고, 나와 함께 15분 동안 신비들에 대해 묵상하며 나에게 보속을 하려는 모든 사람에게, 죽음의 순간에 구원에 필요한 모든 은총을 받을 수 있도록 돕겠다."

카를로의 갑작스런 질병과 천사와 같은 죽음

카를로는 세상을 떠나기 불과 열흘 전부터 몸에 이상이 오기 시작했다. 겉보기에 단순한 독감처럼 보이던 이 병이 사실은 급성 백혈병이었음을 아무도 상상하지 못했다. 모든 의사들은 이 병이 존재하는 백혈병 중 가장 나쁜 형태이고, 이 병에 걸리면 생존율이 매우 낮다는 것을 알고 있었다. 하지만 처음에는 모두 카를로의 병을 단순한 '볼거리' 정도로 여겼다. 어린 카를로는 자신이 곧 천국에 가게 될 거라는 사실을 알지 못했다. 부모님은 카를로가 병원에 입원하기 며칠 전 그의 침실에서 카를로에게 이러한 말을 들었다. "저는 교황님과 교회를 위해 제가 겪을 모든 고통을 주님께 바칩니다. 그래야 연옥이 아니라 천국에 바로 갈 수 있으니까요."

그로부터 4일 후, 잠에서 깬 카를로의 소변에 피가 섞여 있음을 발견했다. 어머니는 매우 걱정하기 시작했고, 전화 상담을 거쳐 곧바로 의료 검사실로 소변 샘플을 가져가 심각한 요로 감염이 있는지 확인했다. 검사 결과는 모두 좋았지만, 증상은 호전되지 않았다.

일요일 아침 심각한 무기력증이 나타나자, 부모님은 카를로가 어렸을 적 진료하던 소아과 의사에게 전화했고, 의사는 자기가 원장으로 있는 병원에 즉시 입원시키는 것이 좋겠다고 권했다. 우연히도 그 병원은 소아 혈액 질병을 전문으로 하는 병원이었다. 의사들은 상황의 심각성을 즉시 인지했고, 부모님에게 끔찍한 소식을 전해야 했다. 그러나 그들은 끝까지 카를로가 갑자기 죽게 되리라는 사실을 받아들이지 못했다. 카를로가 죽고 몇 주 후, 그의 어머니는 두 달 전 카를로가 찍은 영상을 발견했는데, 거기서 카를로는 다음과 같은 신비스러운 이야기를 남겼다. "저는 70킬로그램이 넘어섰고, 이제 죽을 운명입니다." 모든 사건의 추이를 되짚어 보면, 카를로가 자신에게 일어날 일들을 말했던 것보다 훨씬 더 많이 직관적으로 알고 있었을 것이라 가정하는 것도 터무니없다 생각되지는 않는다. 전에도 카를로가 어떤 사건들을 예언하고 실제로 일어났던 일이 있었다.

이탈리아의 현행법에 따르면 병원의 혈액 병동 책임자는 카를로에게 백혈병에 걸렸고, 낫기 위해 오랜 기간 치료를 해야 한다는 사실을 알려야 했다. 카를로는 수년 동안 지금의 삶을 천국으로 가는 통로로 여기도록 부모님께 교육받

앉고, 자신의 병세를 듣고 분명히 이 병이 자신을 죽음으로 이끌 수 있다는 것을 생각했을 것이다. 의사가 방에서 나간 후, 카를로는 침착하고 차분하게 부모님께 말했다. "주님께서 저를 '일어나게' 해 주셨어요."

병원에 도착한 지 몇 시간 후 카를로는 중환자실로 옮겨졌고, 호흡을 편하게 하는 플라스틱 헬멧을 써야 했지만, 그로 인해 기침할 때 가래가 나오지 않아 매우 불편함을 느꼈다. 그는 어머니에게만 이 불편함을 이야기했는데, 실로 많은 고통을 겪었다. 병원 규정상 어머니는 중환자실에 새벽 1시까지만 머물 수 있었고, 이후 병실에는 카를로와 차가운 의료 기구만 덩그러니 남아 있었다. 카를로는 잠들지 못했고 아침까지 기다려 어머니를 다시 만났다. 어머니는 병원에서 밤새도록 외할머니 루아나와 함께 긴급 상황에 대비하고 있었다.

카를로를 치료하던 의사는 그를 백혈병 전문 치료 센터가 있는 몬차의 성 제라르도 병원으로 전원시켰다. 그 센터가 있는 병원은 이탈리아에 세 곳밖에 없었다. 어머니와 외할머니는 이제 카를로가 있는 방에서 잠을 잘 수 있었고, 이것은 카를로에게 큰 위로가 되어 주었다.

그 병원에서 카를로는 어떤 사제에게 병자성사를 받았다. 병원 생활 중 카를로를 돌보던 의사와 간호사 중 몇몇은 큰 애정과 존경심으로 그를 기억한다.

"저는 그런 상태의 환자를 몇 년 동안 보지 못했습니다. 어떻게 다리와 팔이 퉁퉁 부어 있고, 진물이 흐르는 고통을 겪으면서도 아프다는 말을 하지 않을 수 있는지 궁금했습니다. 만일 당신이 그에게 아프냐고 물으면 그는 견딜 만하다고 답했을 것입니다. 제게 있어 가장 놀라웠던 순간은 그가 이동식 침상에 누워 방사선과에서 돌아왔을 때였습니다. 제가 그에게 '조금 나아진 것 같은데?'라고 말하자, 그는 눈을 크게 뜨고 미소를 지으며 '네, 나아지고 있어요!'라고 답했습니다. 그리고 나서 우리가 많은 수고를 하지 않도록 혼자서 이동식 침대에서 병실 침대로 건너가려 애를 썼습니다. 다음 날 오후 2시 1교대 동료들이 그에게 호흡을 도와주는 특수복을 입히고 있었습니다. 제가 방에 들어갔을 때 한 의사가 그에게 '기분이 어떠니?'라고 물었습니다. 카를로는 '언제나 그렇듯 좋아요!'라고 답했습니다. 그 이후 30분쯤 지나 그는 혼수상태에 들어갔습니다. 카를로는 합병증으로 인해 잠시 머물렀던 환자 중 한 명이었지만, 그러한 상황에도 불구하고 크나큰 사랑과 평화로운 느낌을 남겨 주었습니다. 그가 남긴 평화에 대해 잘 설명할 수는 없지만, 전문가로서 최선을 다했다는 사실 때문이 아니라, 그를 알게 되었다는 것이 얼마나 행운이었나 하는 것에서 비롯된 느낌 아닐까 싶습니다."

"제가 카를로를 알게 된 날은 그가 성 제라르도 병원 소아 혈액과에 입원한 날이었습니다. 그의 상태는 절망적이었고 심각했습니다. 방에 들어가서 저는 그에게 '어떠니?'라고 물었고, 카를로는 '좋아요.'라고 대답했습니다. 저는 그 대답에 놀라며 '좋다고?'라고 물었는데, 그는 '더 나빠진 사람도 있어요.'라고 말했습니다. 이 대답은 정말로 감동적이었습니다."

"저는 카를로와 몇 시간을 보냈는데, 그 시간 동안 그의 목숨은 가느다란 실에 매달려 있는 듯하다 결국 끊어지고 말았습니다. 그 순간순간은 전문적 의료 기술이 집중적으로 제공되는 순간이기도 했지만, 또 다른 무언가가 풍성하게 교환되는 강렬한 순간이었습니다. 이틀 동안의 동반이 카를로를 알기에 충분한 시간은 아니었지만, 제 기억 속에는 그가 항상 살아 있습니다. 저를 놀라게 했던 것은 카를로가 침대에 누워 있기도 힘든 상황 중 극심한 고통을 느끼면서도 무척이나 겸손했다는 점입니다. 그의 눈동자는 병색이 완연했지만 아름다웠고, 또한 극한 상황임에도 바로 앞에 있는 사람을 안심시키려는 듯이 미소를 짓고 있었습니다. 그는 매우 겸손했고, 무언가를 이해하지 못하거나 할 수 없는 상황에서는 사과를 건넬 정도로 교양이 있었으며, 내가 그의 말을 이해하지 못할 때에도 결코 짜증 내지 않았습니다. 이러한 자질은 극히 드물어, 비록 아주 잠시 만났음에도 영원히 기억될 수밖에 없는 것이죠."

"카를로가 얼마나 특별한 사람이었는지 제 생각을 나누고 싶습니다. 저는 단지 몇 시간을 그와 함께 했습니다만, 그는 저에게 더 많은 것을 남겨 준 것 같습니다. 그는 제가 던지는 어떤 질문에도 미소를 지으며 답했던 밝은 소년이었습니다. 또 그가 겪는 고통을 겉으로 드러내지 않을 정도로 용감한 소년이었는데, 밤 시간 그를 간호하다 잠든 가족을 보고 '놔두세요. 피곤하실 거예요.'라고 말하며 그들을 걱정하면서 깨우지 말라고 요청하기도 했습니다. 가끔씩 그의 말이 좀체 이해되지 않았지만, 저는 그와 좀 더 오랜 시간 머무르면 그도 행복해할 거라는 사실을 알고 있었습니다.

또 저는 단 한 번도 그의 입에서 '무서워요.'라는 말을 들어 본 적이 없습니다. 카를로는 누군가가 손을 내밀면 사랑으로 그 손을 잡고 평온함을 전달해 주는 사람 중 한 명이었습니다. 그 평온함은 제가 그에게 준 것보다 더 큰 평온함이었습니다.

그날 밤 저는 어려운 도전에 직면했습니다. 그는 이제 떠나야 한다고 확신을 했고, 저는 그 말을 반박하려 노력했지만, 그날 밤 제가 할 수 있었던 것은 어떠한 근사한 말보다 그의 손을 잡는 것뿐이었습니다. 다음 날 밤에도 저는 어떻게든 그를 다시 진료하려 했지만, 결국 그의 확신이 저를 설득해 버렸습니다. 바로 이러한 특별함 때문에 그는 제 생각 속에 남아 있습니다."

혼수상태에 빠진 카를로는 급히 중환자실로 옮겨져 적혈구와 백혈구를 분리하는 특수 혈액 세척술을 받았는데, 이 시술은 매우 성공적이었다. 그러나 불행히도 얼마 지나지 않아 그에게 뇌출혈이 일어났고, 몇 시간 후에 사망했다. 그의 장기는 다른 누구에게도 기증할 수 없을 정도로 손상되었고, 병원에서는 심장이 스스로 뛰는 것을 멈출 때까지 인공호흡기를 떼지 않기로 결정했다. 실제 그의 뇌사는 2006년 10월 11일에 왔는데, 심장 박동이 정지한 시점은 10월 12일 6시 45분으로 파티마에서 성모님이 마지막으로 발현하기 바로 전날이었다.

그의 사망 소식은 톰마세오 초등학교 친구들 덕분에 빠르게 퍼졌다. 부모님은 아들의 시신을 집으로 가져갈 수 있는 허가를 받아, 카를로는 다시 그의 침실에 안치되었다. 4일 동안 끊이지 않고 조문객들이 방문했으며, 그들은 그의 몸에서 백합 향기가 난다는 사실에 놀랐다. 장례식에는 많은 사람들이 참여했고, 성당 안에 들어가지 못해 많은 사람이 밖에 머물러야만 했다. 참석자들은 장례가 아니라 축제에 있는 것 같은 기분을 느꼈다. 장례 미사의 끝에 사제가 "미사가 끝났으니, 가서 복음을 전합시다."라고 강복할 때, 사람들은 축제 때 울리는 종소리를 듣기 시작했다. 우연히도 장례 미사가 정확히 정오에 끝났기 때문이다. 공동 집전을 한 사제들은 이구동성으로 카를로가 죽음 이후 천상 생활을 시작하는 신호라고 말했다. 그는 분명 천국으로 자리를 옮겼을 것이다.

그가 죽은 후로 많은 사람이 그에게 기도하며 그의 전구를 청했고, 많은 사람이 은총과 은혜를 받았음을 증언했다. 또 많은 사람이 카를로를 전구를 청할 특별한 영혼으로 여기고, 그리스도의 완전한 제자로 기억하고 있다. 그의 장례식에 참여한 사람들 몇몇은 그를 이렇게 기억한다.

"카를로가 세상을 떠났을 때, 성당이 가득 차 어떤 사람들은 바깥에 있어야 했고, 모두 함께 눈물을 흘렸습니다."

"장례 미사는 '천국' 같은 분위기를 풍기는 '축제'처럼 느껴졌고, 가득 찬 성당에는 진심 어린 참여와 감동이 넘쳐 났습니다."

"그의 모든 친구들뿐 아니라, 초등학생 친구들도 너무 눈물을 흘려 눈이 빨개졌습니다."

이제 우리는 15년 만에 그리스도의 진정한 증인이 되는 법을 알았던 이 청년의 삶과 모습을 교회의 판단에 맡깁니다.

🌿 카를로, MZ 세대의 참그리스도인

카를로의 본당 신부이자 그가 매우 사랑하고 존경했던 쟌프랑코 포마 몬시뇰의 증언 전문을 여기 싣는다.

여러 달이 지난 후, 젊은 카를로 아쿠티스가 주님 부활로 '건너간' 징후가 일반적이지는 않지만, 매우 친숙하면서도 또한 이례적으로 감당할 수 있는 은총의 표징으로 분명하게 드러났습니다.

아래서 설명하겠지만, 카를로를 만날 때마다 그가 살아가는 모습에서 풍겨 나오는 '복음적인 평범한 일상'의 중요성과 아름다움을 알리고 싶은 생각이 들었습니다. 더 나아가 요즘 모든 연령대의 많은 사람들이 자발적으로 저에게 카를로에 대해 말하고 싶어 한다는 사실에 더욱 큰 반향을 느낍니다.

카를로에 대한 기억의 지평들이 다양하면서도 그 안에는 공통된 두드러진 특징이 하나 있습니다. 즉 카를로는 지극히 평범한 생활 방식으로 살았지만, 절대적으로 조화를 이루며 살았다고 사람들이 인식하고 있다는 점입니다. 그는 과시하려는, '특별해' 보이려는 경향도 없었고, 남보다 우월해 보이려 이미지를 만드는 경향도 없었습니다. 그와는 반대로, 그는 언제나 온전히 자신을 투명하게 드러내었고, 다양한 표정에서 느껴지는 삶의 재미, 이중적이거나 계산적이지 않은 태도와 언어의 단순함도 편하게 발산하는 것처럼 보였습니다.

그는 모든 사람들이 인정하듯 명석하고 구체적인 지성, 뛰어난 유머 감각, 바꿀 수 없는 가치에 대한 명확한 기준을 가진 재능 있는 소년이었습니다. 솔직하고 애정 가득한 소년이었지만, 거만하지 않았고 뭔가를 더 가질 요량으로 꼼수를 부리는 것과도 거리가 멀었습니다. 또한 계획적으로 사심 없이 행동하는 데는 열정적이며, 그렇게 살아가는 데 에너지와 능력, 상냥함을 쏟아부을 줄 알았습니다.

공동 프로젝트를 실현하는 데 쏟는 노력에도 절제미가

있었고, 습관적으로 화를 내거나 고집을 피우는 등의 태도와도 거리가 먼 사람이었습니다. 그는 대화나 행동에서 뛰어난 자질과 유쾌함을 지녔지만, 탁월한 성과를 내거나 결정적인 주인공의 역할을 하고자 하는 욕망과는 아주 거리가 멀었습니다. 그의 삶과 열정에도 절제가 있었습니다. 오늘날 그를 기억하는 사람은 누구나 그가 명확히 그리스도교적 뿌리를 지니면서도 흔치 않은 '유쾌한 정확함'을 지닌 것을 발견하며 더욱 놀라게 됩니다.

특별한 점은 그를 매일 만났던 사람들, 예를 들어 또래 남녀 친구들, 그들의 부모님들, 본당에서 책임을 맡은 사람들 모두 대체로 넓은 의미에서 카를로에 대해 비슷한 인상을 갖고 있다는 점입니다. 저 역시 그가 저에게 이야기했던 계획과 사건들에 대해 의견을 주고받으면서, 그리스도인으로서의 '정체성'을 찾기 위해 제기했던 질문과 자신의 삶이 담겨 있는 명확하고 간결했던 영적 대화를 통해, 그리고 특히 그가 고해성사에 임하는 모습을 보며, 이 모든 것들을 통해 저는 카를로에 대해 더욱 분명히 알아 갈 수 있었습니다.

그는 주일의 의무를 지키는 데만 급급하지 않고, 평일 미사에도 적극적으로 집중력과 경건함을 가지고 참여하는 모습을 자주 보여 주었습니다. 또한 그는 공동체의 일에도 기꺼이 협력했습니다. 그는 그가 만든 본당의 웹사이트를 정보 시스템을 이용하여 민첩하고 정확하게 업데이트했고, 가장 열성적으로 홍보하는 사람 중 한 명이었습니다.

물론 그가 교육의 영적 가치에 신경을 쓰고, 또한 '믿음이란 무엇인지' 그리고 신앙인으로서의 삶을 어떻게 살아내야 하는지에 질문을 던지는 것으로 보아 특별히 사랑 깊은 가정 환경의 혜택을 받은 것이 분명해 보였습니다. 하지만 그는 수동적으로 가르침이나 명령에 순응하면서 이러한 삶을 살았던 것이 아니라, 나름의 '독창성'을 가지고 자신의 삶을 살았고 말과 행동으로 자신의 신앙을 표현했습니다. 무례한 태도로 논쟁을 걸면 견딜 수 없어 했지만, 그럼에도 자신이 살아온 과정 안에서 발견한 복음적 가치를 기준 삼아 식별하는 것을 포기하지 않았습니다. 저는 그에게서 성소가 있음을 느꼈는데, 그 성소는 철저한 책임감에 기반을 두었습니다. 또 그가 성소에 대해 신중하게 생각하면서도 개방적인 태도를 취했음을 말하고 싶습니다.

특별히 주목할 만한 부분은 그가 흔치 않은 영적 은사를 받았다는 점입니다. 카를로는 이 은사에 맑고 순수한 마음으로 응답했습니다. 그 결과 그의 삶은 우리 시대 우리 세상에서 흔히 사람들이 살아가는 삶의 방식과 비교하여 하나의 가시적인 메시지, 즉 어떻게 이 시대를 그리스도인으로서 조화롭게 살아갈 수 있는가에 대한 답을 제공합니다.

저는 그의 장례 미사 때 사람들이 들어찬 성당에서 이렇게 강론 말씀을 드렸습니다. "그는 자신의 삶으로 성체성사의 '발자취'를 남겼습니다." 이 말을 다시 한번 확언하고 싶습니다. 이제 많은 사람들이 그의 진가를 알게 되었고, 신심에 차서 자발적으로 그에 대한 기억을 간직하고 있으며, 또한 심지어 그에게 전구를 청하고 있음도 잘 알고 있습니다.

산타 마리아 세그레타 본당 신부
몬시뇰 쟌프랑코 포마

🌿 사후 기적들과 프란치스코 교황의 카를로에 대한 통찰

　카를로가 죽고 몇 년이 지나는 동안, 이 소년에 대한 신심이 모든 대륙에 걸쳐 얼마나 광범위하게 퍼져 있는지 확인할 수 있었다. 카를로에게 봉헌된 성당이나 오라토리오가 없는 나라가 없을 정도이다. 청소년 단체, 연극단, 캠페인, 평신도 협회도 그로부터 영감을 얻고 있다. 또한 그에게 봉헌된 제단과 경당들도 속속 생겨나고 있다. 하느님 백성 안에서 그의 거룩함에 대한 명성이 얼마나 자라고 퍼지고 있는지 참으로 놀라운 일이다.

　몇몇 주교 회의는 카를로를 증인으로 택하여 성찬 주간을 제정했고, 영신 수련 과정을 구성하기도 했으며, 양성 모임을 만들기도 했다. 각 교구에서 하는 청소년 사목 역시 카를로를 친구들에게 보여 줄 수 있는 모델로 삼고 있음도

의심할 여지가 없다. 그는 그리스도 안에서 충만하게 살았고, 항상 기쁨에 넘쳤으며, 복음적 원리에 기초하여 투명하게 살았기 때문이다.

그에 대한 신심이 커져 가며 그에게 전구를 청하며 은총과 도움을 구하는 사람들도 생겨났다. 접수된 수많은 보고 중, 브라질의 캄포 그란데 지역의 아이가 치유된 사례도 있다. 기적은 2013년 10월 12일에 일어났다.

이 소년은 태어날 때부터 지속적인 구토를 동반한 소화기 질환으로 고생했다. 그 때문에 태어난 후 2년 동안 수차례 병원에 입원해야만 했고, 의미 없는 치료만 반복할 뿐이었다. 성장에도 문제가 있던 그 아이는 먹는 데도 어려움을 겪었다.

의사들은 이 병의 성격을 규정하지 못했는데, 진단 결과 이 병은 췌장 머리 부분이 부분적으로 떨어져 나간 '환상環狀 췌장'으로 밝혀졌다. 이 선천적 기형은 십이지장의 두 번째 부분을 둘러싸고 있는 췌장 조직 띠가 십이지장을 수축시키는 드문 질병으로, 70%의 경우 무증상이다. 증상이 있는 환상 췌장은 수술적 치료만 가능하다.

2013년 10월 12일, 캄포 그란데의 산 세바스티아노 성당에서 미사가 거행되었다. 마르셀로 테노리오 데 알메이다 신부는 미사 중 신자들에게 카를로의 유해를 만져 보라고 초대했다. 그때 할아버지 품에 안겨 있던 아이는 줄을 서 있다가, 자기 차례가 되자 구토하는 것을 멈추게 해 달라고 청하며 자신의 손가락을 유해에 갖다 대었다. 가족들은 그 순간부터 아이의 구토 증세가 즉시 호전되었고, 식사도 다시 시작했으며 몸무게도 늘었다고 증언했다.

그 후 시간을 두고 여러 차례 다양한 검사를 진행했는데, 어떠한 외과적 수술 없이 선천적 기형이 사라졌음이 확인되었다. 그 결과 2018년 4월 24일부터 6월 12일까지 캄포 그란데 대교구의 기적 조사가 시작되었고, 2019년 11월 19일에 열린 교황청 시성부의 의학 자문 위원회는 만장일치로 지지 의사를 밝히며, 병의 치유가 신속하고 완전했으며, 지속적이고 과학적으로는 설명할 수 없다고 확언했다.

2019년 12월 17일에 열린 신학 자문 위원회와 2020년 2월 4일 열린 추기경 및 주교단 회기에서는 이 기적적 치유가 카를로 아쿠티스의 전구에 의한 것이라 인정했다. 2020년 2월 22일 프란치스코 교황은 시성부로 하여금 기적에 관한 교령을 공포하도록 승인했다.

이러한 승인을 통해 2020년 10월 20일 아시시의 성 프란치스코 상부 대성당에서 카를로의 시복식이 거행되었다. 시복식의 주례는 프란치스코 교황을 대신하여 아시시의 천사들의 성모 마리아 대성당과 성 프란치스코 대성당의 교황 특사인 아고스티노 발리니 추기경이 맡았다.

시복식 이후 신자들 사이에 카를로의 거룩함에 대한 명성과 평판은 더욱 높아져 갔다. 많은 주교들도 이 새로운 복자에 관심을 갖게 되었고, 그의 영적 경험에 관한 사목적 글들도 많이 출간되었다.

카를로에 관한 문서 중 가장 중요한 문서는, 2019년 3월 25일 세계 주교 대의원 회의 이후 청소년과 모든 하느님 백성을 대상으로 발표한 교황 권고 「그리스도는 살아 계십니다」이다. 이 교황 권고에서 프란치스코 교황은 카를로의 모범을 잘 살펴보고 새로운 사회 통신 수단들을 선용하라고 요청했다. 이와 관련하여 교황은 젊은이들에게 이렇게 요청했다. "바로 디지털 세상에서 우리는 자기 몰입, 고립, 공허한 쾌락과 같은 위험에 노출될 수 있습니다. 그러나 디지털 세상에서도 창의력과 천재성을 보여 주는 젊은이들이 있다는 사실을 잊지 마십시오. 가경자 카를로 아쿠티스가 그러합니다."(104항).

교황은 이러한 '통신, 광고, 소셜 네트워크와 같은 기제들이 우리를 안이하게 만들고 소비주의에 물들어 시장에 나온 최신 상품을 구매하도록 만들며, 여가 시간에 집착하고 부정적인 생각에 사로잡히게 하는 데에 이용된다는 사실'을 그가 잘 알고 있었다고 지적했다. 그러나 카를로는 '새로운 통신 기술을 이용하여 복음을 전파하고 아름다움과 가치들을 전하는 법'을 잘 알고 있었다.

"카를로는 유혹에 빠지지 않았습니다. 그는 많은 젊은이들이 남들과 다르기를 원하지만 실제로 여느 사람들과 다름없이 되어 버리는 것을 보았습니다. 많은 젊은이들이 소비주의와 오락의 기제를 통하여 힘 있는 자들이 그들 앞에 제시하는 것은 무엇이나 쫓아가 버리고 마는 것입니다. 그리하여 그들은 주님께서 그들에게 주신 선물들을 싹틔우지 못합니다. 곧, 그들은 하느님께서 그들 각자에게 주신 특별하고 개인적인 재능을 세상에 내어놓지 못합니다. 그래서 카를로는 이렇게 말했습니다. '누구나 고유한 존재로 태어나지만, 많은 이들이 남들을 모방하다 삶을 마감합니다.' 여러분은 이렇게 되지 않도록 하십시오!"(106항).

카를로의 증언이 새로운 세대들에게 얼마나 중요한지, 그리고 그가 사목 분야에 얼마나 많은 영향을 끼쳤는지는 위의 몇 문장으로 충분할 것이다. 프란치스코 교황은 연설 중에 카를로를 자주 언급했다. 그의 시복식 다음 날인 2020년 10월 11일 주일 삼종 기도 후, 프란치스코 교황은 이렇게 강조했다. "어제 아시시에서 카를로 아쿠티스의 시복식이 있었습니다. 15세였던 그는 성체성사와 사랑에 빠졌습니다." 교황은 "그는 편안함에 안주하지 않고, 가장 약한 사람들 가운데에서 그리스도의 얼굴을 보며 이 시대에 필요한 것이 무엇인지를 깨달았습니다."라고 덧붙였다. 더 나아가 교황은 "그의 증언은 오늘날의 젊은이들에게 진정한 행복이란 하느님을 첫 자리에 두고, 형제들 중 더욱 가난한 이들을 섬김으로써 찾을 수 있다는 사실을" 보여 준다고 강조했다. 그리고 마지막으로 "새 천년기를 위한 새로운 젊은 복자에게 박수"를 요청했다.

2021년 12월 18일 이탈리아 가톨릭 행동의 청년 대표단과의 만남에서, 프란치스코 교황은 다음과 같이 강조했다. "모든 사람들은 각자의 고유성을 지켜야 합니다. 이 말은 여러분과 같은 나이대였던 복자 카를로 아쿠티스가 자주했던 표현입니다. 그리고 사실 각자가 매일매일 자신의 고유성과 개성이라는 옷을 기쁘게 입는 것이 중요합니다."

2022년 8월 5일 금요일, 이탈리아 몰리세에서 열린 알파 캠프에서 교황은 젊은이들을 향해 유명한 카를로의 말을 다시 인용했다.

"하느님께서는 복사본이 아니라, 원본만을 요구하십니다. 여러분들은 누가 이렇게 말하는 것을 좋아했는지 아십니까? 바로 젊은 복자 카를로 아쿠티스였습니다. 그는 영국에서 태어난 이탈리아의 소년으로, 밀라노에서 자랐으며, 여러분들과 동시대인이었고, 컴퓨터를 좋아했습니다. 특별히 그는 성체성사 안에 계신 예수님과 사랑에 빠졌는데, 성체성사를 이렇게 불렀습니다. '하늘 나라로 가는 고속 도로!' 카를로의 지상 생애는 짧았습니다. 매우 짧았지만 충만했습니다. 그것은 하나의 달리기 경주, 하늘 나라를 향한 경주와 같았습니다. 그는 첫영성체를 하며, 성체와 성혈 안에 계신 예수님을 만났던 그날부터 달음질을 시작했습니다. 그렇습니다. 예수님은 하나의 사상이나 도덕 규칙이 아닙니다. 예수님은 사람이고, 친구이자 길동무입니다."

교황은 모임을 마무리하며 이렇게 결론지었다. "청년 형

포르투갈 리스본에서.

제자매 여러분! 예수님께서 여러분의 위대한 친구이자 길동무가 되시기를 바라며 기도합니다. 살아 계신 예수님을 여러분이 매일 그리고 영원히 살아 내시길 바랍니다! 카를로 아쿠티스의 이 말씀을 다시 반복합니다. 제발 복사본이 되지 마십시오. 여러분 각자는 고유한 원본입니다!"

카를로가 2023년 리스본에서 열린 세계 청년 대회WYD의 13명의 주보성인 중 한 명이었음을 기억하자. 리스본의 총대주교 마누엘 호세 마카리우 두 나시멘투 클레멘테 추기경이 말했듯, 주보성인들은 "그리스도의 삶이 모든 시대의 젊은이들을 충만하게 하고 구원한다."라는 사실을 보여 주었다.

피렌체에서 공부하던 어떤 젊은 코스타리카 여성이 그에게 전구를 청한 후 살아남고 이후 완전하고 지속적인 회복을 보인 사건은 교황청 시성부로부터 두 번째 기적으로 인정받았고, 이후 카를로에게 시성의 길을 열어 주는 교령 반포로 이어졌다.

2022년 이 젊은 여성은 교통사고를 당해 심한 두개골 외상을 입었다. 두개골의 피질은 속살까지 찢기고, 충격으로 다발성 뇌진탕뿐만 아니라 거미막밑 출혈로 우측 신경이 마비되었다. 그 젊은 여성의 친구들과 친척들은 즉시 카를로에게 치유의 전구를 청했다. 그의 어머니는 카를로의 유해가 모셔져 있는 아시시의 스폴리아지오네 성지로 가서 오전 내내 머물며 기도했다. 어머니는 떠나기 전 성지에 간청의 편지를 남겼다. 얼마 후 어머니는 병원에서 전화 한 통을 받았는데, 딸이 천천히 회복되고 있다는 내용이었다.

피렌체 대교구에서는 '수페르 미로'라는 이름의 조사 위원회를 발족시켜 2023년 5월 11일부터 6월 28일까지 조사를 진행했다. 의학 자문 위원회는 12월 7일 이후 회기에서 이 사건을 조사했으며, 빠르고 완전하며 지속적인 치유가 과학적으로는 설명이 불가능하게 이루어졌음을 만장일치로 인정했다.

2024년 3월 5일 교황청 시성부의 신학 자문 위원 특별 회의가 열려 기적의 신학적 측면에 관한 논의를 진행했다. 이 회의에서도 기적이 만장일치로 승인되었고, 카를로 아쿠티스의 전구를 통해 하느님에 의해 행해진 기적임을 공포했다. 아울러 2024년 5월 7일 추기경과 주교단이 모인 정례 회기에서 이 사건이 복자 카를로의 전구를 통한 기적이라 판단했다.

2024년 5월 23일, 프란치스코 교황은 시성부로 하여금 기적에 대한 교령을 공포하도록 승인했다.

2024년 7월 1일 월요일, 바티칸 사도좌 궁전 내 살라 델 콘치스토로Sala del Concistoro에서는 교황이 주재한 정기 추기경단 회의가 열렸다. 회의에서 프란치스코 교황은 아마도 희년 기간 중에 카를로가 성인품에 오를 날짜가 결정될 것이라고 언급했다. 당시 시성부 장관 마르첼로 세메라로 추기경은 마침 연설에서 이렇게 강조했다. "성체성사는 카를로의 짧은 인생 전체를 특징짓습니다. 그는 성체성사의 사

모두의 행복이었던 카를로.

도가 되는 씨앗인 첫영성체를 일반적인 나이보다 일찍 받기를 청했습니다."

카를로는 최신의 통신 수단들에 많은 관심을 두고 밀라노의 산타 마리아 세그레타 본당의 웹사이트를 관리했고, 이후 학교 웹사이트, 마지막으로는 교황청립 '순교자 현양' 학술원의 웹사이트 운영에도 큰 도움을 주며 추기경의 관심을 끌었다. 또한 136가지의 성체의 기적에 관한 사진 기록과 역사적 설명을 담은 국제 전시회를 조직했다. 추기경은 그에 대해 "가장 가난한 사람을 환대하고, 매주 용돈을 절약해 노숙자, 궁핍한 사람, 이주민들을 도왔다."라고 회상했다. 그는 2006년 10월 12일 급성 백혈병으로 15세의 나이에 세상을 떠났다. 그는 자신의 생애를 교황과 교회 그리고 천국에 가기 위하여 주님께 봉헌했다.

🌿 카를로를 기리는 시

그는 우리 곁에 있었고 이제는 우리를 기다립니다

주님, 당신과 카를로에 대한 이야기를 나누고 싶습니다.
아들이자 친구로서,
삶과 믿음에 있어서는 형제로서,
모두에게 그리고 각자에게 무엇이 좋은지 찾아가면서,
15년 동안 신선한 활력을 주었던 그는
기쁠 때나 힘들 때나 우리 곁에 있었습니다.

평범한 날들이 반복되는 동안
그는 중요한 기회들이 생기거나
성장에 유리한 기회가 생길 때마다
엄청난 추진력으로 나아갔음을 보며
카를로 위에 누군가 계심을
우리는 알 수 있었습니다.

마치 번개처럼
통제 불가능한 질병이 잠깐 지나갔는데
그를 데려가 버렸습니다.
카를로는 지금도
우리를 위로해 주는 빛의 계시로
온전히 남아 있습니다.

우리가 그를 다시는 볼 수 없으리라는 부고訃告가
우리에게 전해졌을 때,
그는 멋진 인격에서 풍겨 나오는 사랑스러운 모습이라는
지울 수 없는 흔적을 우리에게 남겼습니다.
이제 우리는 이별이라는 열린 상처를 통해
그가 어느 뿌리에서 수액을 길어 내어
그의 생각과 계획을 영글게 하고
미래를 향한 그의 발걸음이
그토록 경쾌하고 올바르게 되었는지 알게 되었습니다.

주님,
우리는 모든 것을 다스리시는

당신의 계획을 알 수 없습니다.
우리가 알고 있는 것은
카를로가 우리에게 소중했고,
이제는 당신 사랑 안에 머물고 있으며,
모든 인간적인 욕망은 당신 사랑 안에서만 충만하고
행복한 거처를 마련할 수 있다는 것뿐입니다.

카를로와의 고통스러운 이별이
우리 역시 거기에 속하여 있는
무한한 성인들의 통공이라는
확신에 찬 인식으로 변화될 수 있도록
우리 매일의 발걸음을 이끌어 주소서.

몬시뇰 쟌프랑코 포마

저는 카를로를 알았고
그에 대한 기억이 제 안에 살아 있습니다

밤하늘에는 수많은 별이 빛을 뿜어냅니다.
어떤 별들은 더 생기 있게 빛을 발하고
그 밝음 때문에 눈에 띄는 별이 하나 있는데,
그 별이 카를로, 당신을 생각하게 합니다.

하늘을 바라보는 모든 사람이
별들 사이에 차이가 있음을 눈치채는 것은 아닙니다.
그러나 카를로, 당신은 선명합니다.
지금까지 당신 같은 사람을 본 적이 없으니까요.

내가 배를 타고 여행할 때
종종 별들이 하늘을 적시며 떨어지는 것을 보았습니다.
그렇습니다.
그렇게 당신이 제 눈앞에서 사라지기 전에
저는 당신이 남긴 빛나는 흔적을 보았습니다.

저는 레바논에 가 본 적이 있어

그 나라의 국기를 기억합니다.

성경에 언급된 나무인 향백나무가 그 안에 있죠.

우연스럽게도 톰마세오 광장의

산타 마리아 세그레타 교회와 마르첼리노 학교 사이에도

(당신이 다니던 초등학교와 중학교)

커다란 향백나무 한 그루가 자라고 있습니다.

그 나무의 가장 낮은 가지들 곁에서

아이들과 소년들은 재미있게 놀고 있습니다.

저는 거기서 아이였던 당신을 보았습니다.

이후 급속히 자라서

키도 저보다 훌쩍 자랐고,

또래보다 훨씬 웃자랐습니다.

그러나 제 눈에는 당신처럼 '높은' 사람은 없었습니다.

우리는 직접 만나 이야기한 적도 없고,

친교를 쌓은 적도 없습니다.

그러나 당신의 인사는 아직도 제 안에 남아 있습니다.

솔직하고 사랑 가득한 그 인사,

당신에 대한 기억으로 저는 가득 차 버립니다.

당신은 아이였을 때부터 청년이 되기까지
참 멋진 삶을 살아왔습니다.
당신의 삶은 평화롭고 질서 정연하게 흘러왔습니다.
당신은 모든 면에서 만족할 줄 알았고 사려 깊었습니다.
나의 부모님, 본당 신부님, 교리 교사, 선생님들에게서
내 인생에서 배운 모든 것이
당신 안에서 살아 있음을 저는 보았습니다.
당신은 상상을 현실로 만들었습니다.

당신을 보았던 곳을 보면
(교회 묘지, 오라토리오, 아리오스토 거리의 인도 위)
당신의 빛나는 흔적이 아직도 제 안에 아로새겨집니다.
더 이상 당신을 직접 볼 수는 없지만요.

아직도 당신이 인사하는 목소리가 들리는 듯합니다.
무언가가 저를 따라오는 것 같습니다.
마치 당신의 빛에 어울릴 법한 그림자가 따르듯이요.

제 이 두 눈이 당신을 닮은 사람을 가끔 보게 될지라도,
금방이고 당신이 아님을 알겠지요.

감사합니다, 카를로.
제 기억 속에 당신은
나쁜 구석이라곤 한 조각의 그늘만큼도 없었습니다.

저는 하느님의 천사들이 당신과 함께했음을 압니다.
저는 당신을 천사들 중 한명으로 느꼈으니까요.
천사들은 당신을 기쁘게 둘러싸서 하늘로 데려갔습니다.

약초의 유익한 효능을 의사들은 알고 있습니다.
그것으로 아픈 사람들을 낫게 합니다.
생명은 하느님의 선물입니다.
생명의 비밀은 하느님의 손에 달려 있습니다.
그리고 하느님께서는 그 비밀을 이용하여
우리가 건강히 살게 하시고 구원하십니다.

오늘 당신께 청하고 싶습니다.

예수님과 성모님과 함께 계시니
저희가 항상 선한 길을 걷도록
저희를 위해 전구해 주세요.

감사합니다!

닐 야스투스 페레라

카를로에게

카를로 너는 아직 어린애였지.
하늘의 천사들이 지성의 빛으로 너를 감싸
너를 전문가로 만들었고,
너는 조숙함으로 천국에 일찍 운명 지어져 버렸지.
대학의 학자들쯤 되면 읽을 법한
그 어려운 책들을 읽는 일도,
아마도 천사들과 대화하듯 했을 거야.
네 앞에서는 미로 같은 문제도
지혜 앞에서는 문을 활짝 열 듯
컴퓨터도 신비로운 세상도
네 앞에선 숨기는 게 없었지.
네 젊은 그 나이에 그토록 맑은 투명함으로
또 다른 이의 마음을 헤아리며 생각했지
천국의 기쁨을 어떻게 두루 전할지.
카를로 너는 어린 나이였지만
지상 생활 동안 솔직하고 투명하고
말로 표현할 수 없는 천국의 기쁨을

두루 전할 방법을 알고 있었어.
학교 벤치 위에서 네가 돕고, 설명하고,
갈등을 해결할 때,
너는 보이지 않는 친구인 그분과
이야기 나누고 친교를 쌓아 갔지.
카를로 너는 축복과 행복이 넘치는
영원한 거처에서 미소 짓고 있어.
그곳은 시간도 초월하고
아직도 신음 소리가 들리는
고통스러운 이 세상도 초월한 곳이겠지.
너를 무척 사랑했던 사람을 위해
기도해 주렴.

쥬세피나 샤샤

맺는 글

열정으로 가득한 삶을 살다가 15세의 나이에 급작스레 세상을 떠난 한 소년에게 어떤 찬사를 바칠 수 있을까? 짧았던 생애 동안 그가 우리에게 남기고 간 메시지는 과연 무엇일까? 그를 아는 사람들의 마음속에는 그에 관한 어떤 인상이 남아 있을까? 카를로 아쿠티스의 생애와 인물됨을 아는 사람들에게는 이러한 질문들이 자연스럽게 떠오를 것이다. 이 땅에서 살다 간 그의 삶은 짧고도 순식간이었지만, 그의 가족과 친구들에게는 물론 그를 접한 모든 사람들에게 카를로는 하나의 지울 수 없는 흔적을 남겼다.

카를로는 엄청난 지적 능력, 특별히 컴퓨터를 다루고 정보 프로그램을 다루는 데 천재적 능력을 가진 소년이었다. 또래의 소년들처럼 그 역시 만화 영화, 영화, 게임을 좋아했고, 또 집에 개와 고양이를 키울 정도로 동물을 좋아했다. 그는 부모님에게도 아주 예의 바르고, 할머니들과 함께 많은 시간을 보낼 정도로 다정다감한 소년이었다. 초등학교와 중학교는 밀라노의 마르첼리노 수녀회에서 운영하는 학교를 다녔고, 이후 예수회에서 운영하는 교황 레오 13세 부속 고등학교를 다녔다.

그는 또 여행, 바다 그리고 가족들과의 친밀한 대화를 좋아했고, 열린 마음을 가져 모든 이들에게 인사와 안부를 묻곤 했다. 그는 적극적이고 맑은 성격의 소유자로 지위가 높은 사람이건 길에서 만나는 노숙인이건 할 것 없이 편하게 대화를 주고받았다. 그의 삶 안에서 어느 누구도 예외가 없었다.

그렇다면 다른 또래 친구들과 비교하여 카를로를 돋보이게 하는 것은 무엇이었을까? 그의 친구들이 그에 관해 주목하는 독특한 면모는 무엇이었을까?

그의 독특한 점은 바로, 짧은 생애 동안 그가 특별한 인물을 발견했다는 점이다. 그분은 바로 예수 그리스도이다. 예수님과의 만남은 그의 유년 시절부터의 삶을 뒤바꿔 버렸다. 카를로는 예수님을 친구요, 자기 삶의 이유이자 기준점으로 여겼다. 예수님을 제외한다면 도무지 이 소년이 일상 생활을 하며 취했던 행동거지와 존재 방식을 이해하지 못할 것이다. 모든 면에서 그는 또래 친구들과 비슷했지만, 자신 안에 무엇과도 바꿀 수 없는 비밀을 간직하고 있었다.

인간적이며 영적인 성장과 관련하여 분명 그가 살았던 그리스도교적 환경 역시 영향을 미쳤다. 그러나 카를로는 자신의 원의에 따라 엄청난 열정을 갖고 주님을 따르기로 결정했고, 그러한 면에서 자유 의지로 환경적 영향도 초월해 버렸다. 그는 신심 깊은 환경에서 성장했고, 신앙과 관련해서도 단순히 고백만 하는 것이 아니라 행동을 통해 증명해야 하는 것으로 배웠다.

카를로는 믿음이 알려 주는 진리의 가르침과 모범에 민감했고, 그것들을 즉각 수용하여 자기 것으로 만들었다. 겉모습이나 금방 시들어 버릴 것에만 관심을 두는 세상에서 카를로는 많은 사람들이 잊어버리거나 의식하지 못하는 복음적 가치를 알리고 싶어 했다. 또한 세속적이고 성적으로 문란한 사회적 분위기에 그 혼자 역행하여 외톨이와 같은 존재로 비춰지는 것을 두려워하지 않았다.

그는 그리스도를 따르는 데 희생뿐만 아니라 엄청난 겸

손이 필요함을 알았다. 복음적 가치들을 끌어안는 선택은 또래 소년과 비교하여 특별해 보일 수 있다. 그에게는 따르고 싶은 롤 모델들이 있었다. 여기서 몇 명을 언급하자면, 아동 또는 청소년기의 나이지만 성인품에 오른 사람들로서 파티마의 목동들인 성 히야친타와 성 프란치스코, 성 도미니코 사비오(1842-1857년), 곤자가의 성 알로이시오(1568-1591년)가 있다. 성체성사 때문에 순교한 성 타르치시오, 성 아가다와 성 아녜스도 역시 카를로의 롤 모델이었다.

함께 기억해야 할 점은, 예수님과 성모님께서 전 교회와 인류를 향한 메시지의 전달자로 자주 아이들을 선택하신다는 점이다. 성모님은 루르드에서는 열네 살의 성 베르나데타 수비루(1844-1879년)에게 발현하셨고, 라 살레트에서는 열네 살의 멜라니아와 열한 살의 막시미노에게, 그리고 이미 언급했던 것처럼 파티마에서는 루치아와 그녀의 사촌 두 명에게 발현하셨다.

어린이 영성과 관련하여 또 언급해야 할 인물로는 아기 예수와 성면聖面의 성 데레사(1873-1897년)가 있다. 그는 어린이와 같이 겸손하고 전적으로 신뢰하는 수행의 길을 자신만의 '작은 길'로 삼았다. 이와 관련해 성 요한 바오로 2세 교황은 1994년 12월 13일 「어린이들에게 보내는 편지」에서 다음과 같이 언급했다.

"인간의 구원자께서는 어린이들과 함께 다른 사람들 곧 부모님들과 다른 소년 소녀들에 대한 당신의 관심을 함께 나누려고 하시는 것 같습니다. 그분은 어린이들의 기도를 간절히 기다리고 계십니다. 어린이들의 기도는 참으로 대단한 힘을 지니고 있습니다! 어린이들의 기도는 바로 어른들을 위한 모범이 되고 있습니다. 단순하고도 완전한 신뢰로써 하는 기도는 바로 어린이들이 하는 기도입니다."

카를로는 자신의 존재 자체로 하느님께 영광을 드리는 이 작은 자들의 대열에 자신을 합류시킨다. 그리스도께 모든 것을 바친 카를로의 선택은 일시적인 것이 아니라 항구했다. 그는 예수님과의 우정을 유지하는 것이 엄청난 노력을 필요로 함을 아주 잘 알고 있었고, 이를 위해 필요한 힘을 얻을 원천으로 성체성사와 성모 마리아를 자신 영성 생활의 두 기둥으로 삼았다. 카를로는 성체와 성혈의 신비를 깊이 사랑하고 흠숭한다는 의미에서뿐 아니라 봉헌과 희생의 측면까지 껴안는다는 면에서 전적으로 성체성사적 삶을 살았다. 그는 깊은 성체 신심을 길렀고, 그 안에서 하느님께서는 당신이 창조하신 모든 피조물 곁에 머물고 싶어 하신다는 하느님의 현존을 깨달았다. 성체성사의 신비를 통해 인류를 향한 무한한 예수님의 사랑을 깨달았다. 또한 하느님을 기쁘게 해 드린다는 일념으로 열정적이며 관대한 삶으로 보답하려 노력했다.

침묵 중에 성체 조배를 하며 보내는 긴 시간은 카를로에게 있어 사랑을 배우는 학교 역할을 했으며, 단순히 올바르게 잘 사는 것으로 만족하는 게 아니라 그 이상을 추구해야만 함을 느끼게 했다. 카를로는 형제들에게 유익한 존재가 될 수 있도록 하느님께 자신을 봉헌했으며, 이 일을 반복하며 영혼 구원을 위한 열정을 키워 나갔다. 단순히 기도하는 것뿐만 아니라, 예수님과 성모님과 복음에 대해서 그리고 영적 방황에 대해 자주 이야기했다.

그의 머릿속에는 영혼들이 하느님과 일치를 이루지 못하고 헤매며 방황하는 위험에 대한 생각이 강했다. 그래서 카를로는 특별히 예수님을 멀리하며 무관심하거나 죄 중에 있는 사람을 돕는 데 앞장섰다. 그는 자주 자신을 봉헌하고 기도하며 하느님의 사랑과 예수 성심을 거슬러 지은 죄와 잘못들을 보속했고, 축성된 성체 안에 감추어져 있는 하느님의 사랑을 발견하고 전율을 느끼곤 했다. 성 마르가리타 마리아 알라코크처럼, 그 역시 영혼들을 예수 성심께 인도하고자 하는 강한 열망을 느꼈다.

카를로는 예수 성심에 대한 신심이 깊었고 하느님의 신비로운 사랑에 자신을 맡겼는데, 특별히 성 마르가리타 마리아 알라코크에게 내리신 계명들에 충실했다. 그 역시 매월 첫 금요일에 성체성사를 거스르거나 모독하는 죄를 보속하기 위하여 영성체를 했다. 이러한 그의 항구하고 지속적인 영성체 습관은 예수님을 향한 그의 열정을 북돋았으며, 그를 아는 사제들이 증언하듯 예수님의 참된 제자가 되게 했다.

그의 깊은 영성과 성숙함이 또래의 친구들과 비교하여 이상하게 보일 수 있지만, 성령께서는 그러한 비교를 하려는 시도마저 불살라 버리셨다. 그 이유를 이제야 우리는 알게 되는데, 그의 생애가 너무도 짧았기에 그 짧은 시간에 거룩함에 도달하기 위해서는 서두를 수밖에 없었던 것이다. 그러나 그는 부끄러워하거나 주저하지 않고 그분의 이끄심에 자신을 맡기고, 예수님께서 그를 위해 어느 누구도 빼앗을 수 없는 가장 좋은 몫을 주셨음을 확신했다. 그는 하느님께서 자신을 사랑한다는 확신으로 가득 차 하느님 자비의 선포자가 되는 것으로 충분했다.

카를로는 학교생활 중 가끔씩 그의 어마어마한 신심 때문에 놀림감이 되기도 했지만, 대체로 친구들로부터 인정과 존중을 받았다. 또래의 소년들은 활력 있고 명랑하기에, 만일 어떤 친구가 분위기를 못 타면 외톨이가 되기도 한다. 반면 카를로는 단순한 외톨이가 아니라, 예수님을 만났다는 사실을 의식하는 유일한 사람이었고, 그래서 예수님께 충실했다. 또한 다수의 여론과 경향에 맞서 할 말은 하는 사람이었다. 논쟁과 조롱을 두려워하지 않았고, 오히려 친구들에게 그리스도를 전할 수 있는 불가피한 기회로 여겼다.

정보 기술에 대한 그의 전문성이 그를 컴퓨터 천재로 만들었듯, 그의 굳은 믿음은 그를 영혼의 승리자로 만들었다. 학급 친구들이 컴퓨터를 더 잘 사용하는 방법을 그에게 물으면, 그는 프로그램과 명령어의 활용법을 가르쳐 주면서 자연스레 대화의 흐름을 영원한 진리이신 하느님께로 연결시켰다. 복음 선포와 교리 교육을 언제나 염두에 두고 기회가 오면 절대 놓치지 않았다. 그는 우선 삶의 모범이 중요함을 알았지만, 동시에 사람들에게 구원의 신비를 설명할 때 말 역시 필요함을 알고 있었다. 그의 친구들이 동의하는바, 카를로는 예수 그리스도의 참된 증거자이자 복음의 전달자였다.

카를로는 모든 피조물에게 복음을 전하기 위해 엄청난 선교적 노력이 필요함을 알고 있었다. 이와 관련하여 복자 쟈코모 알베리오네(1884-1971년)의 사도적 열정을 본받고자 했다. 복자 알베리오네는 복음 선포를 위해 새로운 대중 매체를 사용할 줄 알았던 천재적인 직관의 소유자였다. 카를로 역시 매스 미디어에 대한 신뢰가 깊었고, 잘만 사용하면 예수님이 누구신지 그리고 하느님께서 어떤 말씀을 하시는지 알리고 전할 수 있는 가장 뛰어난 도구임을 알고 있었다.

복자 알베리오네의 통찰은 카를로에게 그대로 수용되어, 그 역시 계속해서 가톨릭계 잡지를 읽으며 신자들의 현실적 요구 사항을 반성하고 숙고하는 작업을 했다. 특히 교회 내

다양한 출판물을 읽으며 신학적이고 사목적인 논쟁도 숙지하고 있었다. 카를로의 목표는 매스 미디어를 사용하는 선교사들의 목표와 같았다. 그는 예수님과 우정을 맺는 기쁨과 즐거움을 가능한 한 많은 사람들에게 알리고 싶어 했다.

같은 맥락에서 이 소년은 이방인의 사도인 바오로를 자신의 모범으로 삼았다. 바오로 사도는 기쁜 소식을 모든 피조물에게 전하기 위해 갖은 방법을 다 사용했으며, 심지어 자신의 목숨까지 바친 분이다.

그가 본당 활동에 보인 열성은 그를 교회의 참된 아들로 만들었다. 그는 교회를 위해 기도하고 희생했으며, 그의 생각은 항상 그리스도의 대리자인 교황을 향하고 있었다. 그는 교황을 위해 기도와 희생을 바쳤으며, 교황 개인을 위해서뿐만 아니라 모든 교회 공동체를 위해 행사하는 교도권에도 큰 사랑을 쏟았다. 카를로는 조숙한 아이였고, 바오로 6세 교황의 개인 비서였던 파스콸레 마키 대주교의 허락으로 이른 나이인 일곱 살에, 그것도 봉쇄 수녀원에서 첫영성체를 했다.

그는 많은 사람이 할 수 없는 특별한 하느님 체험을 했다. 그는 신앙에 대한 어려운 개념어들을 단순하고 이해하기 쉬운 말로 설명하는 데 재능이 있었다. 이는 어떤 신학자도 더 잘 해낼 수 없을 정도였다. 이러한 능력에 관해 그의 본당 신부, 수도자들, 친분이 있는 사람들 모두 그의 말을 듣고서는 놀라워하기도 했다. 단순하고 설득력 있는 언어로 모든 사람이 신앙의 진리를 이해하게 하는 그의 능력은 그가 고백하는 신앙과 그의 삶이 완벽히 일치하는 데서 비롯했는데, 이는 카를로가 꾸준히 방문한 몇몇 사람들이 가톨릭 교회로 개종하는 데 일조했다. 이 사람들은 그리스도께서 인류가 진정으로 기다려 온, 인간의 마음을 완전히 치유하실 수 있는 구세주임을 확신시켜 주는 소년의 행동에 감동했다.

그가 엄청난 영적 성장을 이루는 데 있어 또 다른 근본적인 원천은 바로 동정 성모님이셨다. 그는 성모님께 자신을 온전히 의탁했고, 특히 막막하고 답답할 때 성모님께 의지했다. 성모님은 카를로의 충실한 길동무이자 두 번째 어머니셨다.

카를로에 대해 말할 때 빠뜨리지 말아야 할 것이 바로 성모님에 대한 깊은 신심이다. 그는 루르드와 파티마에서의 성모님 발현 이야기에 매료되었고, 목격자들이 성모님으로

부터 받은 메시지와 부탁 사항들을 따르고 싶어 했다. 파티마로부터 그는 원죄 없는 성모 성심을 사랑하고 기도하는 법을 배웠고, 사람들이 그를 향해 하는 음해에 대한 보속으로 희생을 바치는 법을 배웠다.

이러한 그의 영적 특징은 그의 전 생애에 영향을 미쳤는데, 그는 매일 충실하게 묵주 기도를 바쳤고, 성모님께 자신을 봉헌했으며 수차례 봉헌을 갱신했다. 또 성모님에 대한 신심을 지인들에게 전하고 성모 성지를 방문했으며, 매일의 기도 중에 성모님과 직접 대화했다. 루르드 발현으로부터는 성실하게 묵주 기도를 바치는 법을 배웠고, 희생과 보속의 필요성을 이해하게 되었다.

그는 가족들에게 마사비엘 동굴에서 베르나데타에게 나타나셨던 원죄 없이 잉태되신 성모님에 대한 이야기를 즐겨 했다. 특히 가난한 서민의 딸이자, 읽고 쓸 줄도 모르는 베르나데타가 단순함과 겸손 때문에 성모님께 선택되었다는 사실은 카를로의 영성에 지대한 영향을 미쳤다.

파티마 발현과 관련해서는 성모님께서 목동들에게 하신 말씀을 마음속에 간직하여 내면화했다. 바로 이 지점에서 원죄 없는 성모 성심에 대한 엄청난 사랑이 솟아났으며, 자신의 행동과 기도로 성모님의 마음에 들고 싶어 하는 열정도 생겨났다. 특히 루치아가 언급했던 지옥에 대한 환시에 많은 충격을 받았는데, 그뿐만 아니라 다른 영혼들도 지옥에 떨어지지 않게 하겠다는 굳은 결심을 했다.

연옥과 관련하여서도 카를로는 도움이 필요한 많은 영혼들이 있다는 사실을 인상 깊게 받아들였다. 그는 제노바의 성 카타리나가 쓴 『연옥론』에 대해 잘 알고 있었는데, 이 책은 하느님을 마주 보고 싶어 하는 영혼들이 겪는 고통과 그들의 정화 과정에 대해 분명하고 자세히 묘사하고 있다.

이웃의 고통에 예민한 이 소년은 우선 기도와 미사, 성체성사, 묵주 기도를 통해 연옥 영혼들을 돕고자 했다. 신앙의 절대적 진리에 대해 말하는 것이 시대착오적으로 보이고 시대에 뒤떨어진 것처럼 보이는 세상에서, 카를로는 양심을 일깨우고 세속적 지평의 한계를 뛰어넘어 세상을 바라보라고 초대했다.

그는 세상에서 영원한 삶을 이미 사는 것처럼 보였는데, 그가 절대자를 향한 긴장을 놓지 않았기 때문이고, 세상일에 끊임없이 개입하면서도 동시에 하늘 나라의 시민임을 잊지 않았기 때문이며, 단순히 지나갈 세상이 아니라 그 안에서 영원함을 증명해야 한다는 자의식 때문이었다.

카를로는 일상의 문제들을 더 높은 곳에서 바라보아야 할 필요성을 느꼈고, 우리를 아낌없이 남김없이 사랑하시는 그분이 우리 삶을 인도하심을 알기 위해 마음을 드높여야 한다는 것을 알고 있었다. 신앙을 향상시키는 것과 예수님과 함께 걷는 것은 자신 안에 강하게 느껴지는 요구에 대한 응답으로 주어진 것이고, 그것이 성덕에 이르는 길이었다. 거룩함에 대한 보편적 소명은 그에게 있어 하나의 숙제이자 의무, 그리고 마음 안에서 솟아오르는 열망이었고, 하느님 사랑에 대한 보답을 실천하는 것이었다.

카를로는 복음에 따라 자기 삶을 질서 짓기를 절실하게 바랐고, 그리스도의 발자취를 따르려 했으며, 주변의 가족, 친구, 학급 동료들의 평가도 두려워하지 않았다. 그는 학교에서 신앙 체험을 힘차게 증언하는 학생이었다. 그는 친구들 앞에서 자신을 하느님께 의탁하며, 모든 대화를 신앙의 진리를 전할 기회로 활용했다. 그는 하느님께 속한 것들에 매우 신중했는데, 정통 신앙의 수호자이고 싶어 했고, 교도권과 교황의 가르침에 대한 갖가지 비판과 그릇된 해석에 맞서 강력하게 대응했다. 어린 나이였음에도 복음과 교회의 거룩한 전통에 기초하여 신앙 체험을 더욱 성숙시켜 나갔다.

신학자들과 사제들 역시 그와 대화를 하며, 그가 신앙의 진리를 깊게 연구하여 내면화했음을 알았으며 그런 의미에서 일반적이지 않은 대화 상대로 그를 대했다. 그는 또한 인간 생명의 근본 가치들을 강력하게 지켜 내고자 했다. 낙태는 분명한 죄악이자 희망의 메시지를 꺾는 행동이라 주장하며 생명권에 대한 확고한 입장을 견지했다.

윤리적 가치와 관련해서는 어떠한 타협도 없었고, 적대감이나 반대 의견 앞에서도 물러섬이 없었다. 그는 갓 태어난 생명이나 임종자들과 관련하여 용기 있게 열정적으로 교회 교도권의 입장을 옹호했다.

이는 분명 그가 읽은 책보다 침묵과 기도 중에 만난 예수님과 성모님께서 그를 가르치시고 양성하셨기 때문이라고 확신할 수 있다. 성령께서 그 틀을 잡아 주시고, 그를 더 높은 곳으로 이끄시도록 자신을 내어 맡기되 세상과의 접점을 이어 간 것이야말로 카를로의 특징이라 할 수 있다.

우리는 지금 하느님의 신비에 잠겨 있는 품격 있는 한 영혼을 목도하고 있다. 그는 길을 걷는 중에도 친구들을 잊지 않고 가장 어려운 친구부터 챙기려 한 영혼의 소유자였다. 그가 가난한 사람들과 구걸하는 사람들을 대할 때 그들을 도심의 거리에서 알아보고 챙겼던 것처럼, 그는 또 제3세계에서 복음 선포를 하는 선교사들에게 물질적으로 봉헌하려는 열정도 가지고 있었다.

게다가 「밀라노의 가난한 이들을 위한 성 프란치스코 사업」에 후원하는 것도 그에게 있어서 정기적이고 미룰 수 없는 약속으로 자리 잡았다. 특별히 밀라노의 가난한 사람들을 위해 카푸친회 수사들이 운영하는 성 프란치스코 재단도 도왔는데, 그 재단은 도시에 도착하는 수많은 가난한 사람들과 이민자들을 환대하고, 옷도 나눠 주며, 힘을 북돋우는 역할을 하고 있다. 카를로는 그들을 기억하며 친척과 지인들에게 직접 모금 활동을 했고, 몇몇 지인들을 이 재단과 연결해 주기도 했다.

그에 대한 증언들을 수집하면서 카를로의 모범이 진정 선순환되고 있음을 확신할 수 있다. 자선 활동과 애덕 활동을 하면서 카를로가 부모님과 친구들에게 진정 바랐던 것은 단순한 인류애 차원으로 돕는 게 아니라, 그리스도를 향한 사랑 때문에 지속할 수밖에 없는 사업임을 알게 하는 것이었다. 특별히 그의 또래 친구들은 카를로가 그들의 마음에 남겨 놓은 영적 도전에 그들 역시 발을 담갔음을 느꼈다.

많은 이들은 카를로의 미소, 평온함, 깊은 선함을 기억하는데, 이는 복음의 가르침에 따라 사는 사람들이 선한 영향력을 미친다는 표징이기도 하다. 카를로는 현대의 사도들 중 한 사람으로, 진보와 기술이 제공한 새로운 도구들을 통해 자신의 말이 아니라 자신의 존재를 뒤집어 놓았던 강렬한 만남의 대상인 예수님의 말씀을 성공적으로 전했다.

카를로는 예수님을 인격적인 존재로 마치 친구처럼 여겼다. 그는 영혼들의 유익을 위해 컴퓨터와 전자 기기로 매스미디어를 과감하게 사용함으로써, 하느님 나라를 선포하는 사도이자 주창자가 되었다. 그는 자신의 능력과 재능과 지식을 다하여 새로운 세대가 그리스도를 알고, 그분께서 영원으로부터 자신들을 사랑했음을 알게 했다.

카를로는 그의 친구들도 예수님의 친구가 되어 그분 안에서 삶의 의미를 찾고, 이 땅에서뿐만 아니라 영원에서도 행복해지기를 원했다. 이를 위하여 그는 친구들을 돕거나 그들이 자신을 찾아오기를 기다리는 데에 그치지 않고, 그들의 영혼에 관심을 갖고 그들이 구원받기를 바랐다. 또한 그리스도와의 우정은 희생을 치르면서 매일 유지되고 얻을 수 있다는 것을 그들에게 이해시키려고 노력했다. 이 모든 것의 기초에는 열심한 기도와 매일 성체를 모시는 것이 있었는데, 이는 카를로가 하느님의 은총 없는 자신의 노력이란 모두 쓸모없다는 것을 잘 알았기 때문이다.

친구들은 카를로가 자기들이 적당히 잘 지내고 타협하며 사는 것에 만족하지 않고, 진정 잘 지내고 행복하기를 원하고 기도하는 것을 알고 있다. 그는 말할 때는 분명하게 말하고 잘못된 길을 가고 있는 친구에게 나무라는 것도 두려워하지 않았으며, 오히려 형제적 충고를 하며 심한 경우 경고를 하기도 했다.

그는 영혼들을 일깨워 그리스도께서 그들 곁에 계시며 그들의 마음의 문을 두드려 그들과 친교를 맺고 싶어 하시는 것을 깨닫게 하는 것을 항상 목표로 했다. 카를로는 숨겨진 보물을 발견하고 친구들에게 달려가서 그들도 그 보물의 한 몫을 차지하고, 참으로 소중한 가치를 누릴 수 있기를 바랐다.

그의 위대한 열정은 많은 사람들의 마음을 움직였다. 그들 중 인도 출신이자 다른 종교를 가지고 있는 몇몇 사람이 있었는데, 그들은 카를로가 말하는 그리스도가 추종할 가치가 있는 하느님인지 아닌지에 대해 스스로에게 질문을 던지기 시작했다. 그리고 그들은 가톨릭 신앙을 받아들였다.

카를로의 삶을 보면 자연스레 하나의 질문이 떠오른다. 과연 그가 가진 매력의 비밀은 무엇일까? 이 질문에 우리 머릿속에 자연스레 떠오르는 존재가 있다. 또 그로 하여금 개방적이고 자발적이며 희생적인 성격을 갖게 만든 존재를 떠올릴 수 있을 것이다. 즉 그의 삶에는 그의 마음을 사로잡은 어떤 존재가 있다는 것이다. 그는 이웃에게 유익한 존재가 되고 싶어 했고, 그래서 가까운 가족과 친구, 길에서 만나는 누구에게나까지 자신을 봉헌하고 헌신하기를 원했다.

카를로는 선행을 하는 데 있어 친구나 지인, 인종이나 종교를 차별하지 않았다. 그는 자신의 삶을 송두리째 흔들어 놓은 한 인물을 만났고, 그를 이웃에게 알리고 싶어 했다. 이를 위해 자신의 외향적 성격을 확장하여 예수님을 전하는 데 사용하고자 했다.

사실 카를로는 부활하신 주님과의 만남에서 찾게 된 풍요로움을 자신 안에만 간직할 수 없었고, 다른 이들과 나누고 싶은 열망으로 불타올랐다. 그래서 그의 천부적인 친화력은 하느님 나라를 알리는 소중한 도구가 되었다. 그러나 그는 단순히 선포만 하는 데 그치지 않고 자신의 삶에서 그것을 실천하고 구체화했으며, 그러한 자신의 개인적인 경험에 기초하여 풍요로움을 전했다.

그의 삶은 복음의 가르침에 따라 사는 것이 가능하다는 증거 자체이며, 비록 불완전하긴 하지만 현실에서 이미 예수님과 하나될 수 있음을 보여 준다. 그는 이론가도 학자도 사변가도 아니다. 그러나 한 사람이 영원을 향해 시선을 고정하고 살아가면서 부딪치는 문제들을 신앙 안에서 판단하고 해석하며, 매일 삶의 문제와 씨름하다 보면 젊음의 충만함 역시 영적 체험의 진정성을 드러내는 도구가 될 수 있음을 보여 준다.

카를로는 어린 나이에 어떻게 그러한 내적 성숙을 이룰 수 있었을까? 1887년 열네 살의 나이에 사명을 완수하라는 계시를 받은 아기 예수의 성 데레사에게 이와 비슷한 일이 일어났다. 성 소화 데레사라고도 불리는 성인은 자서전『한 영혼의 이야기』에 이렇게 기록했다.

> 어느 일요일, 십자가에 달리신 우리 주님의 사진을 보다가 저는 그분의 거룩한 손에서 떨어지는 피에 충격을 받았고, 땅에 흘러 떨어지는 피를 어느 누구도 수습하지 않고 있다는 생각에 고통스러울 정도로 슬펐습니다. 이후 흘러내리는 거룩한 피를 내가 받아 영혼들에게 뿌려 주어야 함을 이해하며 십자가 아래에 머물기로 결심했습니다. 또한 십자가상 예수님의 외침도 제 마음 속에 계속 울려 퍼졌습니다. "목마르다." 이 말씀은 저에게 처음 느끼는 엄청난 열정을 불러일으켰습니다. … 제가 가장 사랑하는 사람에게 마실 것을 주고 싶었고, 영혼의 갈증으로 제가 사라져 버린 것처럼 느껴졌습니다. 저를 매료시킨 것은 사제들의 영혼이 아니라 위대한 죄인들의 영혼이었고, 저는 그들을 영원한 불꽃에서 멀어지게 하려는 열망으로 불타올랐습니다.

시대와 환경의 격차를 고려하더라도 성 소화 데레사와

카를로의 이러한 체험을 나란히 비교하는 것은 어느 정도 적절해 보인다. 특히 두 사람 모두 하느님의 자비를 생생하게 체험했고, 인류를 위해 십자가에서 죽으신 예수님의 무한한 사랑에 감동했으며, 그분을 위로할 방법을 찾고 있었다는 점에서 동일하다.

"그분의 상처로 여러분은 병이 나았습니다."(1베드 2,24)라는 말씀에 담긴 진리가 주님을 향한 열정으로 불타오르기 시작하는 어린 카를로의 마음에 각인되었다. 카를로는 형제들을 돕고자 했는데, 이를 위하여 예수님의 공로와 성체성사 그리고 묵주 기도는 이를 수행하기 위한 훌륭한 도구가 되었다. 이 엄청난 자비의 보물 창고에서 그는 죄인들을 돕고, 의심하는 사람들을 설득하며, 미지근한 이들에게 열정을 불어넣기 위해 많은 것들을 끄집어내었다.

성 소화 데레사는 또 이렇게 말했다.

영혼을 구원하고자 하는 저의 열망은 날마다 점점 더 커져 갔고, 예수님께서 사마리아 여인에게 하셨던 "나에게 마실 것을 좀 다오!"라는 말씀이 꼭 저에게 하신 것처럼 느껴졌습니다. 그것은 진정한 사랑의 교환이었습니다. 저는 영혼들에게 예수님의 피를 뿌려 주었고, 예수님께서는 그분의 거룩한 피로 깨끗해진 그 영혼들을 바쳤습니다. 그렇게 함으로써 저는 그분의 갈증을 더욱 해소하고, 마실 것을 더욱 드리는 것 같았습니다. 그럴수록 제 작은 영혼의 갈증은 더욱 커졌고, 그분께서 저에게 주신 이 타는 듯한 갈증이 오히려 당신 사랑의 가장 훌륭한 음료로 느껴졌습니다.

카를로도 자신만의 겸손으로 예수님의 갈증을 해소하기 위해 최선을 다했고, 동시에 영혼들이 그리스도께서 흘리신 거룩한 피의 대가로 구원받는다는 사실을 깨달았다. 카를로는 주님과 협력하여 죄인의 영혼이 하느님과의 우정을 잃어 결정적으로 추락하는 것을 막으려고 노력했다.

위대한 신비주의자인 성 카타리나는 자신의 유명한 작품인 『연옥론』에서 연옥 영혼들이 겪는 고통을 다음과 같이 묘사했다.

연옥에 있는 영혼들이 겪는 고통은 하느님께서 당신의 빛 안에서 그들에게 보여 주시는 것을 보며 그것에 매력을 느끼면서도, 주님께서 그들을 당신께 연결하기 위해 그들에게 주신 일치라는 자극을 따르지 못하는 유혹에서 비롯됩니다. 이러한 방해가 얼마나 심각한 것인지에 대한 인식과 그러한 방해를 물리치고 시선이 그분만을 바라보아야 한다는 영혼의 본능 사이의 간격, 혹은 갈등이 연옥 영혼이 겪는 고통입니다.

이러한 성인의 말씀을 읽어 가면서 카를로의 내면에서는 이러한 영혼들을 위로해야 할 필요성이 솟아올랐고, 그 자신도 영혼을 구원하고자 하는 엄청난 열정이 성체성사로부터 비롯함을 깨달았다. 그는 자신의 가족을 사랑하는 데 국한하지 않고 가장 멀리 떨어진 사람들에게까지 사랑의 반경을 넓혔다. 그의 사랑은 사심이나 다른 목적을 위한 것이 아니라 사람들이 진정 잘되기를 바라는 순수한 사랑이었다.

바오로 사도의 모토인 "그리스도의 사랑이 우리를 다그칩니다."(2코린 5,14)라는 말씀은 단순히 좋은 말이나 개념으로서가 아니라, 자신의 것으로 만들어 구체적인 행동으로 옮기는 이 소년의 삶 속에 잘 녹아 있다. 카를로로 하여금 가난한 사람들을 위해 시간과 금전을 제공하도록 하고, 밀라노 교구 안에서 실질적 자선을 이끌도록 한 동력은 바로 그리스도의 사랑이었다.

무엇이 그로 하여금 부모와 친척들을 설득시켜 가난한 사람들을 돕게끔 했을까? 이와 동시에 생각해야 하는 것은 이제 십 대인 카를로가 가진 돈은 많지 않았지만, 자신만의 방법으로 자신이 가진 모든 것을 매우 기꺼이 기부했다는 사실이다.

많은 노숙자와 가난한 사람들이 그를 기다리고 기쁘게 맞이했던 이유는 바로 그의 큰 적극성 때문이었다. 그의 도움이 필요한 사람들은 주저함 없이 그를 향했는데, 그들은 카를로가 어떠한 계산이나 주저함 없이 형제들을 위하여 몸소 귀를 기울여 주고 나눌 준비가 되어 있는 사람임을 분명히 알고 있었기 때문이다.

많은 사람들에게 있어 카를로는 모든 음식에 풍미를 돋우어 주는 땅의 소금과 같은 존재였다. 그는 사람들로 하여금 타인에게 무관심하게 두지 않고, 오히려 반성하게 만들고, 분별력을 갖추게 했으며, 자신의 행동에 대해 깊이 있게 성찰하게끔 했다.

기쁨과 경건함이라는, 어찌 보면 대립되는 것 같은 두 가지의 감정이 카를로 안에서 일치하고 있음을 그를 만난 사람들은 발견할 수 있었다. 카를로의 호소와 모범은 우리 역시 하느님과의 완전한 친교를 이루어 그가 성인들과 함께 참여하고 있는 혼인 잔치에 초대함임을 기억하자.

이 책의 '추천의 글'을 써 주신 몬테 올리베토 대수도원의 미켈란젤로 티리빌리 총아빠스께 진심으로 감사드린다. 그리고 성체성사와 묵주 기도에 대한 빛나는 사랑의 모범으로 친구들과 우리 모두에게 주님을 더욱 사랑할 수 있는 방법을 알려 준 카를로에 대해 알 수 있는 기회를 준 카를로의 부모님께도 진심으로 감사드린다.

참된 그리스도인 카를로 아쿠티스(1991년 5월 3일-2006년 10월 12일).

카를로가 컴퓨터로 기획한 묵주 기도의 도식

각 신비의 요일에 따른 분배

환희의 신비 (월요일, 토요일에 바친다)
1. 1단 마리아께서 예수님을 잉태하심을 묵상합시다.
2. 2단 마리아께서 엘리사벳을 찾아보심을 묵상합시다.
3. 3단 마리아께서 예수님을 낳으심을 묵상합시다.
4. 4단 마리아께서 예수님을 성전에 바치심을 묵상합시다.
5. 5단 마리아께서 잃으셨던 예수님을 성전에서 찾으심을 묵상합시다.

고통의 신비 (화요일, 금요일에 바친다)
1. 1단 예수님께서 우리를 위하여 피땀 흘리심을 묵상합시다.
2. 2단 예수님께서 우리를 위하여 매 맞으심을 묵상합시다.
3. 3단 예수님께서 우리를 위하여 가시관 쓰심을 묵상합시다.
4. 4단 예수님께서 우리를 위하여 십자가 지심을 묵상합시다.
5. 5단 예수님께서 우리를 위하여 십자가에 못 박혀 돌아가심을 묵상합시다.

빛의 신비 (목요일에 바친다)
1. 1단 예수님께서 세례 받으심을 묵상합시다.
2. 2단 예수님께서 카나에서 첫 기적을 행하심을 묵상합시다.
3. 3단 예수님께서 하느님 나라를 선포하심을 묵상합시다.
4. 4단 예수님께서 거룩하게 변모하심을 묵상합시다.
5. 5단 예수님께서 성체성사를 세우심을 묵상합시다.

영광의 신비 (수요일, 주일에 바친다)
1. 1단 예수님께서 부활하심을 묵상합시다.
2. 2단 예수님께서 승천하심을 묵상합시다.
3. 3단 예수님께서 성령을 보내심을 묵상합시다.
4. 4단 예수님께서 마리아를 하늘에 불러올리심을 묵상합시다.
5. 5단 예수님께서 마리아께 천상 모후의 관을 씌우심을 묵상합시다.

[시작]

성호경을 바친다.
하느님, 저를 구하소서.
주님 어서 오시어
저를 도우소서.
영광송을 바친다.

[각 신비]

해당 신비를 말하고,
그 신비에 해당하는
성경 구절을 읽는다.

큰 묵주알에서
주님의 기도,
작은 묵주알에서
성모송 10번,
큰 묵주알에서
영광송을 바친다.

구원을 비는 기도를 바친다.
예수님, 저희 죄를 용서하시며
저희를 지옥 불에서 구하시고,
연옥 영혼을 돌보시며
가장 버림받은 영혼을
돌보소서.

[5단의 신비 끝에]

교황님의 의향과
교회의 모든 필요를 위해
주님의 기도–성모송–영광송을
바친다.

성모 호칭 기도를 바친다.

마지막으로
성모 찬송(Salve Regina)

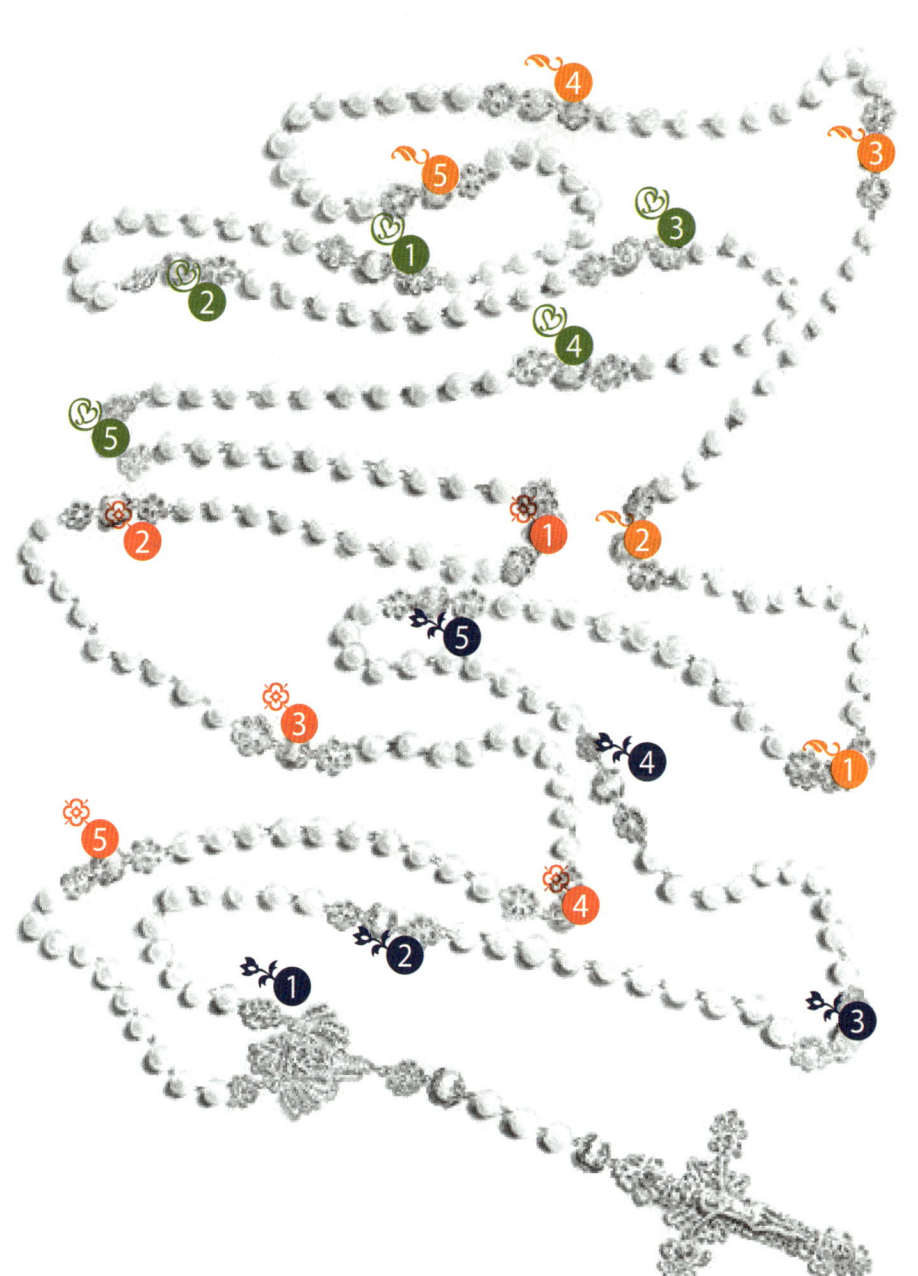

주

제 2 장 카를로의 영성의 길

1. Teresio Bosco, Don Bosco, ELLEDICI 1979 [ristampa 1999] pp. 206-208 참조.
2. Padre Alessio Parente, Padre Pio e le anime del Purgatorio, Edizione P. Pio da Pietrelcina, San Giovanni Rotondo 1998, pp. 123-128.

카를로 아쿠티스의 공식 웹사이트
www.carloacutis.com